Himmelstürmer Verlag

Im Alter von 16 Jahren veröffentlichte Clemens Maria Albert sein erstes Buch, ein Bastelbuch für Kinder. Nach dem Abitur studierte er an der Münchner Hochschule für Fernsehen und Film, München, und arbeitete als Regisseur fürs Fernsehen. Es folgte ein Studium der Architektur an der Universität München mit Abschluss Dip. Ing. Neben dem Studium gründete der Autor einen Verlag für Fachzeitschriften, der sich im Verlauf der Jahre zu einem erfolgreichen Unternehmen entwickelte.

Himmelstürmer Verlag
Ortstr.6, 31619 Binnen
www.himmelstuermer.de
E-Mail: info@himmelstuermer.de
Originalausgabe, Februar 2023

Umschlaggestaltung:

ISBN print 978-3-98758-045-1
ISBN e-pub 978-3-98758-046-8
ISBN pdf 978-3-98758-047-5

Clemens Maria Albert

Das Land der 300 000 Ladyboys

Alles über Thailands Transgenderkultur

Himmelstürmer Verlag

Die Stiftung „Future for K." („K" = Kathoey)
- 2021 vom Autor gegründet -
unterstützt junge Kathoey bei ihrer
schulischen und beruflichen Ausbildung.
Ein Teil des Autorenhonorars geht an diese Stiftung.

Inhaltsverzeichnis

Interviews mit Ladyboys

Zum Geleit

Die Zahl der „Ladyboys", wie Transgender in Thailand genannt werden, steigt im „Land des Lächelns" Jahr für Jahr. Die thailändische Gesellschaft ist - nicht zuletzt durch Internet und Soziale Medien - aufgeklärter und damit offener und toleranter geworden. Und so fühlen sich immer mehr junge Männer ermutigt, sich zu „outen", wenn sie glauben, im falschen Körper geboren zu sein. Fast könnte man sagen, es ist in Thailand unter Jugendlichen zur Mode geworden, sich als Transgender zu bekennen, obwohl dieser Schritt natürlich für jeden einzelnen gravierende Folgen hat.

Das Wort „Ladyboy" ist eine populäre, leicht abwertende Bezeichnung für Männer, die sich als Frauen fühlen und sich mit Makeup und im weiblichen Outfit in der Öffentlichkeit zeigen.

Darüber, wie viele Ladyboys in Thailand leben, gibt es keine Statistiken. Experten schätzen, dass bei einer Umfrage bis zu 300 000 thailändische Männer als Geschlecht „weiblich" angeben würden. 2021 lebten in Thailand sechs Millionen junge Männer zwischen 20 und 30 Jahren. Statistisch gesehen ist also jeder 20. von ihnen ein Transgender.

*

Wenn man durch Thailands reist, begegnet man auf Schritt und Tritt wunderschönen Mädchen und Frauen. Schlank, zierlich, natürlich. Die schönsten Frauen Thailands - so wird kolportiert - sind Ladyboys. Manche der anmutigen Personen mit androgynem, oft auch sehr femininem Aussehen sind also in Wirklichkeit Männer. Neben buddhistischen Tempeln, tropischen Inselstränden, köstlichem Essen und vielfältigen fleischlichen Freuden sind Ladyboys zu einer der internationalen Ikonen Thailands geworden.

‚Land der 300 000 Ladyboys' ist keine wissenschaftliche Aufarbeitung des Themas „Transgender in Thailand". Das Buch will vielmehr in anschaulicher, verständlicher Form dieses typisch thailändische Phänomen beschreiben und über alles Wissenswerte informieren.

Auf dem Büchermarkt und im Internet findet man nur wenige seriöse Veröffentlichungen, die sich mit dem Thema „Transgender“ befassen. Wissenschaftlich fundiert ist das Buch von Richard Totmann „The Third Sex“ -, eine soziologische Abhandlung.

*

Jede Aufarbeitung dieses Themas wäre unvollständig, wenn man nicht mit den Menschen direkt sprechen würde. Im zweiten Teil des Buches kommen die Ladyboys daher selbst zu Wort.

42 Transgender erzählen ihre Geschichte, beschreiben ihre persönliche Lebenssituation: Fast alle sprechen offen aus, was sie denken und wie sie fühlen. wie sie leben und oft auch leiden. Viele Ladyboys haben seelische Defizite, nicht zuletzt ein ungestilltes und für manchen wohl unstillbares Verlangen nach Zärtlichkeit und Liebe.

Die Portraitfotos entstanden jeweils zu Beginn der Interviews. Integriert im Text, hat der Leser immer den Gesprächspartner vor Augen, der ihm seine Probleme schildert, Einblick gibt in seine Seelenlage und verrät, wie er seine Zukunft sieht.

Befragt wurden „Kathoey“ im Alter von 15 bis 35 Jahren. Die Gespräche führte der Autor 2021/22 in Bangkok, Pattaya und Phuket.

Clemens Maria Albert

Ladyboy - Transgender - Kathoey

Wer zum ersten Mal Thailand besucht, dem fallen beim Spaziergang durch Bangkoks Straßen – und nicht nur dort - junge Menschen auf, die auf den ersten Blick wie Mädchen oder Frauen aussehen, die aber bei näherem Hinsehen meist als Transgender zu erkennen sind. Ob in der Millionenstadt oder in einem kleinen Dorf in der Provinz -, immer wieder begegnet man Männern in modischer, oft provozierend weiblicher Kleidung und mit leichtem Hang zum Theatralischen.

„Ladyboys“: Manche Besucher haben über sie Reportagen gesehen oder kennen sie aus Erzählungen. Irgendwann in ihrem Leben haben sie ihr Geschlecht gewechselt. Sie zeigen sich ohne Scheu in der Öffentlichkeit und sind in Thailand präsent wie in keinem anderen Land der Welt. Teilweise oder komplett um-operiert oder nur wie Frauen gekleidet und geschminkt, sind Ladyboys ein fester Bestandteil der thailändischen Gesellschaft.

Man trifft sie in Geschäften und öffentlichen Verkehrsmitteln, man begegnet ihnen beim Stadtbummel und im Frisiersalon. Natürlich abends in den Straßen von Bangkok und Pattaya, die für ihr Nachtleben bekannt sind. Offensichtlich sind sie in Thailand gut integriert. Unterschiede gibt es zwischen Stadt und Land: In den touristischen Hochburgen fallen Ladyboys mehr durch ihre Extrovertiertheit auf, in kleineren Orten verhalten sie sich zurückhaltender.

Das Bonmot „Thailands schönste Frauen sind Männer“ gibt es wohl nicht ohne Grund. Manchmal sind wahre Kunstwerke unterwegs.

Nach internationalen Studien sind 0,33 der Weltbevölkerung Transgender.

Transgender sind „transsexuelle“ Menschen. Es ist die Bezeichnung für Männer, die eine weibliche Geschlechtsidentität angenommen haben, sich also von Mann zur Frau gewandelt haben. In der Gender-Forschung spricht man vom „3. Geschlecht", und auch die meisten Ladyboys Thailands fühlen sich dem „3. Geschlecht" zugehörig. Damit unterstreichen sie, dass sie eine eigene Kategorie für ihre Identität beanspruchen.

Kulturell werden Transgender ausschließlich als weibliche Personen identifiziert. Dies gilt nicht nur für Thailand, auch in anderen Ländern wie etwa in Laos oder auf den Philippinen werden Ladyboys aufgrund ihrer fraulichen Erscheinung von der Gesellschaft als „Ladys" wahrgenommen. Da aber ihre Anatomie und ihre Körpermerkmale nicht mit der Geschlechtsidentität übereinstimmen, versuchen viele Ladyboys, diese Ungleichheit durch Kleidung und Kosmetik zu kompensieren. Nicht selten zusätzlich mithilfe von Medikamenten (Hormonen) und diversen Operationen.

Der Begriff „Transgender" wird in Thailand selten verwendet, das Wort „Ladyboy" ist populär, aber wertet die Person leicht ab. Das korrekte Wort ist.

Kathoey

So werden von alters her in Thailand Menschen bezeichnet, die in irgendeiner Form von der Sexualnorm abweichen.

Heute bezieht sich, wie beschrieben, dieser Begriff auf androgyne Männer, die sich als Frauen kleiden und nicht selten ihr angeborenes Geschlecht mit medizinischer Hilfe zu „feminisieren" versuchen.

Statistik

Thailand hat die höchste Population von Ladyboys weltweit. Die Geschichte der Kathoey reicht 600 Jahre zurück.

Es gibt in Thailand keine Statistiken darüber, wie viele Transgender im Land leben. Sicherlich ist auch die Dunkelziffer jener hoch, die sich nicht offen als Kathoey bekennen. Es sollen bis zu 300 000 Ladyboys in Thailand leben -, ein extrem hoher Anteil in Relation zur Bevölkerung des Landes (70 Millionen) und um ein Vielfaches höher als die Transgender-Population in anderen Ländern, etwa in Laos, Kambodscha oder Vietnam.

Das Land mit der zweithöchsten Anzahl an Ladyboys ist erstaunlicherweise ein tiefgläubiges, katholisches Land: Die Philippinen. Dort liegt die Transgender-Population im hohen sechsstelligen Bereich, jedoch hat Thailand – bezogen auf die Einwohnerzahl - eine höhere Transgenderdichte als die Philippinen.

In Thailand werden auch keine Statistiken veröffentlicht, wie viele Kathoey sich jährlich einer Operation unterziehen. Grundlage der Schätzungen sind Befragungen von Ärzten in Kliniken sowie Angaben von Ämtern, die mit Kathoey befasst sind.

Nachfragen bei Behörden werden sehr zurückhaltend beantwortet. Es wird behauptet, nur 0,1 % der thailändischen Männer könne man als Transgender bezeichnen. Tatsache ist, dass eine große Zahl von Kathoey im ländlichen Thailand lebt, außerhalb der großen Städte. Nicht wenige von ihnen sind „heimliche“ Kathoey.

Diese haben sich zwar schon entschieden, das Geschlecht zu wechseln, sind in ihrem Innern bereits Mädchen oder Frau. Nach außen hin – in der Familie oder in der Öffentlichkeit - versuchen sie aus verschiedenen Gründen, dies zu verbergen. Ihr gefühltes Geschlecht aber ist weiblich.

Die Interviews zu diesem Buch bestätigen, dass verhältnismäßig viele Kathoey aus dem Norden und Nordosten Thailands stammen, aus der Provinz Isaan. Die Gesprächspartner waren allein oder mit ihrer Familie nach Bangkok, Pattaya oder in andere Städte des Südens gezogen, in der Hoffnung, dort bessere Berufs- und Bildungschancen vorzufinden.

Nicht nur deshalb. Gerade in ländlicher Umgebung fühlten sich viele Ladyboys den Vorurteilen der Menschen ausgeliefert und versuchen, aus diesem Milieu auszubrechen. Diese Kathoey stecken oft zwischen zwei Welten fest, und es kostet sie viel Kraft, um den Alltag mit seinen existenziellen Problemen zu meistern. Teilweise verbergen sie, dass sie - ihrem Gefühl folgend - eigentlich weiblich sind; sie präsentieren sich nach außen hin weiterhin als Mann.

Manche von ihnen wechseln ihre Identität immer dann, wenn die Umstände sie dazu zwingen, entweder als Mann oder als Frau aufzutreten. Einige der Interviewten berichteten, dass sie sich innerhalb der Familie wie Mädchen bewegen konnten, in der Öffentlichkeit aber, z.B. in der Schule, als Jungen auftreten mussten.

ILIJN: *„Um den Vater nicht zu sehr zu provozieren, vereinbarte ich mit meiner Mutter, dass ich zuhause Jungen-Kleidung trug und außerhalb des Hauses mich als Mädchen zeigen durfte. So wechselte ich also jedes Mal heimlich die Kleidung, wenn ich aus dem Haus ging oder bevor ich das Haus betrat."*

In den hier veröffentlichten Interviews kommt die Zerrissenheit vieler jungen Transgender zum Ausdruck. Ladyboys, die in der Provinz aufgewachsen sind, erzählen nicht selten von dem Zwiespalt, in dem sie sich befanden -, bis zur Entscheidung, ihr Heimatdorf zu verlassen.

MONLY: *„In der Pubertät habe ich viel mit meinem großen Bruder gestritten. Er schämte sich, dass ein Ladyboy in der Familie war und wollte mich* *umerziehen. ... Unsere Nachbarn - strenggläubige Moslems - verboten ihren Kindern sogar, mit mir zu spielen."*

Besonders fällt auf, dass die interviewten Kathoey selten aus intakten, „bürgerlichen" Familien stammten. Über die Hälfte der befragten Ladyboys wuchs in einem familiären Umfeld auf, das man nicht als „geordnet" bezeichnen kann.

Ihre Schilderungen klingen manchmal bizarr und passen nicht in das gängige Bild, das wir uns von Thailand machen. So erzählte etwa die 23-jährige Phoommie -, siehe Interview im 2. Teil des Buches:

PHOOMMIE: „Mein Vater war kein Moslem, er wuchs nahe Bangkok auf und wohnte in einem Vorort der Stadt. Trotzdem beanspruchte er für sich das Recht auf mehrere Frauen und setzte das auch durch.

In unserem Stadtviertel "beglückte" mein Vater gleichzeitig vier Frauen. Alle wohnten in der Nähe, teilweise in der gleichen Straße. Mein Vater wechselte täglich die Wohnung und verbrachte die Nacht bei seiner jeweiligen Gefährtin.

Das angenehme Leben auf Kosten anderer währte aber nicht lange. Mein Vater starb mit 27 Jahren. Die drei Nebenfrauen schenkten ihm jeweils eine Tochter. Meine leibliche Mutter durfte – als seine Hauptfrau - zwei Kinder zur Welt bringen"

Große kulturelle, religiöse und ethnische Unterschiede

Die vier Regionen Thailands

95% der thailändischen Bevölkerung sind Buddhisten, zum sog. „Theravada-Buddhismus“. Dabei ist die religiöse Identifikation innerhalb Thailands sehr unterschiedlich verteilt.

Geographisch kann man das Land in vier Zonen unterteilen. Jede Region hat eine unterschiedliche Geschichte und kulturelle Tradition, jede Zone hat ihren eigenen Dialekt, der teilweise in den Nachbarregionen nicht verstanden wird.

- Die Zentrale Region rund um Bangkok ist die am höchsten entwickelte und wohlhabendste Gegend Thailands. Sie ist ethnisch die Heimat der „Central Thai“.

- Der Norden mit der alten Hauptstadt Chiang Mai. Hier hat sich die alte Khon Muang Bevölkerung im Lauf der Jahrhunderte mit den burmesischen Völkern vermischt. Immer schon bestanden starke kulturelle Beziehungen zwischen beiden Gruppen.

- Der Nordosten, genannt „Isaan“, ist eine bevölkerungsstarke, aber arme Gegend, in der die Mehrheit der Bewohner eine Variante laotischer Dialekte spricht. Die Infrastruktur des Isaan ist dörflich: Reisanbau soweit das Auge reicht, kaum Industrie. Kein Wunder, dass aufgrund der schweren Arbeit auf den Reisfeldern die durchschnittliche Lebenserwartung der Bevölkerung im Isaan 7 bis 8 Jahre niedriger ist als in Bangkok. Es fällt auf, dass sehr viele Kathoey, die in Bangkok und Pattaya leben, aus Isaan stammen. Mit der Emigration aus ihrer Heimat versuchen sie, der Armut und Perspektivlosigkeit der Provinz zu entkommen und hoffen, in den Städten eine bessere Zukunft zu finden.

- Im Süden lebt neben der Bevölkerungsgruppe der buddhistischen „Süd-Thai" eine große Gruppe von Muslimen. Diese sprechen malaysisch und sind historisch und kulturell nahe verwandt mit der Bevölkerung der benachbarten Malaiischen Halbinsel.

Hier trifft man auch auf eine kleine Gruppe von Christen, Sikhs und Hindus. 10% der thailändischen Bevölkerung hat dort chinesische Wurzeln.

Die Zentralisierung des Landes mit der Hauptstadt Bangkok erfolgte erst Anfang des 20. Jahrhunderts während der Chakri Dynastie. Das Königreich Thailand ist seit 1932 eine konstitutionelle Monarchie. Nach der letzten Verfassung von 2007 geht die Staatsgewalt vom Volk aus und wird vom König durch die drei Teilgewalten Legislative, Exekutive und Judikative ausgeübt.

Die ethnische und kulturelle Vielfalt wird von der thailändischen Verfassung geschützt. Von uns wird oft das friedliche Zusammenleben und die kulturelle Homogenisierung der verschiedenen Bevölkerungsgruppen in Thailand bewundert. Es ist aber mehr ein Konstrukt der dominanten Zentralregierung in Bangkok, die das Land politisch maßgeblich prägt und versucht, Autonomiebestrebungen zu verhindern, indem sie auch die kulturell-sprachliche Eigenständigkeit der einzelnen Zonen zu unterdrückt.

Die Rolle der Geschlechter

in der thailändischen Gesellschaft.

Nach dem Gesetz sind Männer und Frauen in Thailand seit der Verfassung aus dem Jahr 1977 gleichgestellt. Thailand ist jedoch eine traditionell patriarchale Gesellschaft, die von Männern dominiert wird. Die Macht der Frauen lag früher ausschließlich in ihrer Rolle als Mutter. Das hat sich in den letzten 50 Jahren geändert. Seit den 1960er Jahren ziehen immer mehr Frauen zur Lohnarbeit in die Städte. Heute sind über die Hälfte der Emigranten aus dem ländlichen Raum Frauen, die arbeiten und so zum Lebensunterhalt ihrer Familie beitragen.

Das traditionelle Idealbild in der Vorstellung der thailändischen Männer ist die „kalasatrii", die tugendhafte, treue Frau. Sie ist eine liebevolle Mutter, ist zurückhaltend und bescheiden und fühlt sich verantwortlich für die ganze Familie, auch für die Eltern. Bis heute wird diese ehrbare Rolle der Frau nicht in Frage gestellt, sondern die Thailänder sind stolz auf ihre Tradition und kulturelle Identität.

Die ideale Frau geht als Jungfrau in die Ehe und ist ihrem Ehemann treu. Frauen, die vorehelichen Sex haben, werden als „befleckt" betrachtet. Sex aus Vergnügen mit verschiedenen Partnern wird von der traditionell geprägten thailändischen Frau abgelehnt, in ihrem Weltbild ist eine solche Frau eine „schlechte Person".

Prostitution wird zwar abgelehnt, aber trotzdem - meist auch von Frauen - als notwendiges Übel angesehen, weil sie zur Befriedigung des männlichen Sexualtriebes dient. Hier zeigt sich also eine grundlegend unterschiedliche Sichtweise in der Bewertung der männlichen und der weiblichen Lust, und daher gelten in Thailand noch heute unterschiedliche Spielregeln, was für Mann/Frau sexuell erlaubt ist und was die Moral verbietet.

Die thailändische Gesellschaft ist männlich geprägt, doch die Männer sind keine „Machos". Wenn ein thailändischer Mann gefragt würde, ob er sowohl männliche als auch weibliche Eigenschaften in sich trägt, - bezogen auf seinen Charakter, auf Gefühle und Emotionen -, so wird er das durchaus bejahen. Eine solche Aussage käme z.B. einem Mann aus einem arabischen Land nicht über die Lippen -, das wäre viel zu unmännlich!

Thailändischen Männern schreibt man eher sanfte, defensive Charaktereigenschaften zu. Natürlich gilt das nicht für alle Thais. Einige der Kathoey erzählten im Interview von übergriffigen Männern und aggressiven Partnern.

CHERRY (1): „Im Alter von 15 Jahren hatte ich einen Freund gefunden – einen 12 Jahre älteren Thailänder -, und fing an, ihn grenzenlos zu lieben... Er betrank sich jeden Tag, und sein Charakter änderte sich mit jedem Tropfen Alkohol. Ohne Übertreibung -, bis zu meinem 20. Lebensjahr wurde ich fast täglich geschlagen, teilweise mit dem Stock."

Akzeptanz oder Toleranz?

Ladyboys werden in der Regel als Frauen betrachtet, die in einem männlichen Körper geboren wurden, Sie gelten daher in Thailand nicht als Homosexuelle. So begegnen die Menschen in Thailand den Kathoey vielerorts mit Toleranz, während Homosexualität auf Ablehnung stößt. Gleichgeschlechtliche Liebe wird von buddhistischen Gelehrten wie auch im akademischen Diskurs als „Krankheit" bezeichnet, die man heilen müsse.

Ladyboys können ihr Geschlecht zwar durch eine Operation ändern, aber eine Umschreibung im Pass oder in der Geburtsurkunde ist nicht möglich; es ist vom Gesetz her ausdrücklich untersagt. Hinter diesem Verbot steckt möglicherweise die Angst, dass heiratswillige Männer getäuscht werden könnten. Da Frauen auch heute noch meist jungfräulich in die Ehe gehen, würde der Mann erst in der Hochzeitsnacht erfahren, dass er einen Transgender geheiratet hat.

Während also Homosexualität in Thailand von den meisten abgelehnt wird, von einigen höchstens toleriert, hängt das Verständnis für die Kathoey und deren Akzeptanz von den persönlichen Erfahrungen ab, die der einzelne mit dieser Personengruppe gemacht hat oder macht. Die Ladyboys selbst prägen ihr Image. Wenn sie laut und aggressiv auftreten, wenn ihr Verhalten übertrieben oder hysterisch ist, dann stoßen sie auf massive Ablehnung, und durch diese Abneigung überträgt sich danach auf die gesamte Gruppe der Kathoey. Nach Meinung der Thailänder ziemt sich ein solches Benehmen nicht für eine Frau, es ist unsozial und proletenhaft.

Transgender, angepasst und mit höflichem Benehmen, noch dazu, wenn sie mit natürlicher Schönheit ausgestattet sind, genießen Ansehen und Sympathie in der Bevölkerung. Glamouröse Veranstaltungen wie Schönheitswettbewerbe, Tiffany-Shows etc. heben das Image der Kathoey und machen die Thais stolz auf ihre Mitbürger.

Gemäß Umfragen glaubt die Mehrzahl der Thailänder, dass Ladyboys für ihr Land eine kulturelle Bereicherung sind. Kathoey sind seit Jahrhunderten Teil der thailändischen Gesellschaft und sollen dies nach Meinung der meisten Thais auch bleiben, zumal nicht wenige Touristen nach Thailand kommen, um das „Land des Lächelns und der Ladyboys" kennenzulernen.

Toleranz ist die Bereitschaft, die Meinung anderer zuzulassen, den anderen als Mensch mit seiner Persönlichkeit, mit seinen Eigenschaften grundsätzlich zu bejahen und so zu akzeptieren, wie er ist. Dabei ist durchaus Kritik erlaubt, die aber mit einer prinzipiell positiven Haltung einhergehen muss. Man kann etwas tolerieren, auch wenn man es für unangemessen oder falsch hält.

Ohne Zweifel werden Kathoey in der thailändischen Gesellschaft stärker toleriert als Transgender in anderen Ländern. Dabei hängt, wie beschrieben, die Toleranz gegenüber Ladyboys immer stark von deren eigenem Verhalten ab. Von Kathoey erwartet wird Zurückhaltung und Bescheidenheit, man schätzt ihre Sanftmut, ihre Höflichkeit und ihre guten Manieren. Dabei können sich nach allgemeiner Meinung Ladyboys in der Öffentlichkeit durchaus weiblich verhalten und ihren femininen Charakter offen zeigen.

Einige Kathoey erzählen, dass ihre Eltern sie letztlich als Ladyboy akzeptiert haben, unter der Voraussetzung, dass sie „gute Menschen" bleiben. Allgemein wird von Kathoey erwartet, dass sie immer etwas „besser" sind als der Durchschnittsbürger, und zwar in jeder Hinsicht:

JELE: „Tatsache ist, dass in Thailand der Leistungsdruck für Kathoey erheblich höher ist als für „normale" Studenten. Weit verbreitete Vorurteile und mangelnde gesellschaftliche Akzeptanz muss ein Ladyboy durch gute Noten ausgleichen. Später im Berufsleben sollte er durch bessere Leistungen auffallen, um akzeptiert und geachtet zu werden. Kathoey müssen Tag für Tag ihren Platz in der Gesellschaft erkämpfen oder verteidigen."

WINHAN: *„Wir Ladyboys müssen immer etwas besser sein, mehr Leistung bringen als andere, damit man uns wertschätzt. So hatte ich in meiner Klasse die besten Noten, und in meiner Familie verhielt ich mich vorbildlich. Ich war ein „guter Junge", angepasst, von allen geschätzt und geliebt"*

Ladyboys, die beruflich Erfolg haben oder überdurchschnittlich gut aussehen, werden – wen wundert's - von allen respektiert oder gar hoch verehrt. Nicht wenige Transgender haben es als Künstler zu Ruhm gebracht. Es gibt viele Beispiele von Kathoey, die außergewöhnlich erfolgreich waren -, im Beruf, im Sport und in anderen Lebensbereichen.

Auf der anderen Seite scheinen es viele Thailänder als Schande zu empfinden, wenn in ihrer Familie ein Kathoey aufwächst. Dieser Eindruck jedenfalls entsteht, wenn die „Ladyboys" über ihr Leben sprechen. Die Interviews in diesem Buch erheben zwar keinen Anspruch darauf, repräsentativ zu sein, aber tatsächlich berichten erschreckend viele Kathoey – weit mehr als die Hälfte von ihnen – von familiären Problemen in ihrer Kindheit und Jugend. Nicht selten spielten sich in den Familien der jungen Kathoey „Dramen" ab. Für manche waren diese schimmen Erlebnisse der Beginn eines lebenslangen Traumas.

WINHAN: *„Ich will nicht daran denken, wie oft ich als Kind geweint habe. Dass ich immer allein war, keine Freunde hatte. Und dass mein Leben in der Familie nur durch strenge Selbstkontrolle zu ertragen war: Durch Schweigen und Verbergen."*

LOVE: *„(Der neue Mann) setzte durch, dass ich als Ladyboy nicht am Tisch mit der Familie essen durfte -, und diese Regel gilt bis heute: Ich muss warten, bis meine Mutter und ihr Freund sowie meine Geschwister zu Ende gegessen haben. Die Reste, die übrig bleiben – manchmal fast überhaupt nichts - sind dann für mich bestimmt. In einer Ecke des Wohnzimmers wurde mir ein Platz auf dem Fußboden zugewiesen, auf dem ich zusammen mit unserem Hund essen muss."*

Die Akzeptanz in der Gesellschaft hängt auch von der Gegend ab, in der Kathoey aufwachsen. In größeren Städten ist das Leben als Ladyboy fast normal. In ländlichen Gegenden, in den Dörfern werden Transgender heute in der Regel nicht angefeindet, eher geduldet, aber in Wirklichkeit nicht akzeptiert. Dort trifft man auf große Vorbehalte gegenüber Transgendern, dort werden sie oft auch heute noch teilweise stark diskriminiert.

Selbst an Grundschulen unter Lehrern herrschte – zumindest vor 10 Jahren und früher - eine gnadenlose Intoleranz, wie Kathoey Monica im Interview berichtete:

MONICA: „An der Schule habe ich viel Schlimmes erlebt. Mein Lehrer warnte die Kinder vor der versammelten Klasse, mit mir zu spielen, weil ich kein echter Junge sei. In der 1. bis zur 6. Klasse wurde ich wie eine Aussätzige behandelt, obwohl ich mich bemühte, nicht aufzufallen."

Historischer Hintergrund

Die erste europäische Nation, die Gesandte nach dem damaligen Siam schickten, waren die Portugiesen im 16. Jahrhundert. Im 17. Jahrhundert nahmen die Europäer Handels- und diplomatische Beziehungen mit Siam auf. Aus dieser Zeit sind Aufzeichnungen von Teilnehmern an Expeditionsreisen erhalten. Berichte über Transgender finden sich darin nicht.

Einer der ersten Artikel über Kathoey wurde in einem Reisebericht von 1924 veröffentlicht, mit dem Titel „Man or Woman?" Darin wird ein junger Mann beschrieben, der in den Straßen von Bangkok flaniert -, in Kleidern „wie eine Schönheitskönigin".

Der britische Diplomat W.A.R.Wood, der 68 Jahre seines Lebens in Thailand verbrachte, publizierte 2026 das Buch „History of Siam" und beschreibt darin die Kathoey als allgegenwärtige, aber rätselhafte Subkultur, über deren Geschichte nur wenig bekannt sei. Es gäbe nur sehr fragmentarische Aufzeichnungen über diese Transgender-Menschen; auch insgesamt habe er relativ wenig historisches Material vorgefunden bei seinem Bemühen, die Geschichte des Landes aufzuschreiben. Wood wies darauf hin, dass bis zum Ende des 19. Jahrhunderts in Thailand nur die Mönche und die Oberschicht lesen und schreiben konnten.

Unter ausländischen Historikern und thailändischen Geschichtsforschern besteht Konsens, dass die Kathoey eine lange geschichtliche Tradition haben, die in Thailand Jahrhunderte zurückreicht.

Ausführlich wurde in der thailändischen Presse in den 50er Jahren von Transgendern berichtet, während die westliche Presse erst ab Mitte der 60er Jahre auf das Thema „Kathoey" aufmerksam wurde. Mit dem danach einsetzenden Tourismus erwachte das Interesse an Asien, insbes. an Thailand als Reiseland. Berichte und Rundfunk/Fernseh-Reportagen über das Phänomen „Thailands Ladyboys“ stießen in Europa und den USA auf große Aufmerksamkeit, die bis heute anhält.

Thailänder sind zum überwiegenden Teil Buddhisten. 95 % der Bevölkerung bekennt sich zu dieser Religion, die für Toleranz steht. Darüber hinaus ist die thailändische Kultur auch vom Hinduismus und von dem Glauben an Geister, dem Animismus, geprägt.

Der Theravada-Buddhismus bildet die Grundlage für die heutige Staatsreligion in Thailand. Wahrscheinlich kamen im 13. Jahrhundert Händler aus Indien auf dem Seeweg nach Südthailand, siedelten sich dort an oder zogen weiter nach Kambodscha und Annam im heutigen Vietnam.

Vor dem 13. Jahrhundert gab es im alten Siam keine Aufzeichnungen, weil noch keine „geschriebene Sprache“, also keine Schrift existierte. Über die Zeit davor sind nur Legenden aus Siam und Traditionen überliefert, die von chinesischen Reisenden aufgezeichnet wurden.

In dem 500 Jahre alten buddhistischen Manuskript Pathamamulamuli wird die Existenz von 3 Geschlechtern beschrieben, die es schon zu Anfang aller Zeiten gegeben habe: Ein Mann, eine Frau und ein Kathoey.

Dieses religiöse und mythische Verständnis steht in krassem Gegensatz zum christlichen Glauben, wonach Adam und Eva, also Mann und Frau, am Anfang der Schöpfung standen.

Thailand ist die einzige Nation in dieser Region, die sich der Kolonialisierung durch europäische Mächte widersetzt hat. Unbeeinflusst von äußerem Druck konnte das Land seine eigenen kulturellen Werte bewahren, die unterschiedlich sind zu den Normen der europäischen Kultur.

Insofern galt das Dogma, dass es nur zwei Geschlechter gibt - Mann und Frau – in Thailand nie.

Der Grund für die relative Akzeptanz und Toleranz gegenüber Transgendern liegt also in der Geschichte Thailands. Der australische Universitätsprofessor Peter A. Jackson - wohl der wissenschaftliche Experte in der Kathoey-Forschung - schreibt, dass auch vor dem Siegeszug des Buddhismus im 13. Jahrhundert Transgender existiert haben. Kathoey kommen in Legenden des alten Siam bereits vor.

Das Wort „Kathoey" hingegen ist weder in den buddhistischen Texten noch in der thailändischen Sprache zu finden, sondern stammt von den Khmer, einem uralten Volksstamm in Südostasien, und ist mindestens 2000 Jahre alt.

Transsexuelle Personen sind zwar ein Phänomen, das in dieser Region Asiens hauptsächlich auf Thailand beschränkt ist, obwohl es auch in Laos, Kambodscha und Vietnam Kathoey gibt.

Da im Gebiet des heutigen Thailand im Lauf der Jahrhunderte viele Völker hindurchwanderten, ist anzunehmen, dass in einer Zeitspanne von über zwei Jahrtausenden der Buddhismus und die Idee der Dreiteilung der Geschlechter in anderen ostasiatischen Ländern ebenfalls verbreitet waren. In deren Jahrhunderte alten Mythen finden sich Hinweise, dass auch sie an ein „3. Geschlecht" glaubten.

In der buddhistischen Lehre wird die Idee einer individuellen Persönlichkeit prinzipiell negiert, hingegen spielen Wiedergeburt und Karma eine große Rolle. Ein glückliches Leben in der Gegenwart ist der Lohn dafür, dass wir in unserem vorigen Leben tugendhaft waren, und umgekehrt: Wenn wir in diesem Leben in irgendeiner Form Schuld auf uns geladen haben, müssen wir diese im nachfolgenden Leben abtragen. Der Kreislauf des Lebens ist für einen Buddhisten immer im Gleichgewicht.

Das Geschlecht ist nicht festgelegt, es kann zwischen den drei Inkarnationsformen (Mann, Frau, Kathoey) jederzeit wechseln. Dabei sagt der buddhistische Glaube, wenn jemand als Kathoey wiedergeboren wurde, hat er sich in einem seiner früheren Leben eines sexuellen Vergehens schuldig gemacht, etwa weil er promisk gelebt hat. Oder er hat sich z.B. nicht um seine Frau gekümmert, als sie von ihm schwanger war.

Vor den Folgen der Reinkarnation gibt es kein Entrinnen. Niemand weiß, was sich in einem seiner früheren Leben ereignet hat und ob nicht auch er eines Tages dafür als Kathoey büßen muss. Einem Kathoey sollte man daher – so steht es in den buddhistischen Schriften – mit Mitgefühl begegnen.

„Kathoey" ist also ein tief verwurzeltes Element in der thailändischen Kultur. Es heißt, dass sogar die thailändischen Könige, die oft mit mehreren Frauen verheiratet waren, daneben auch Ladyboys als Geliebte hatten. Dies wurde offenbar von der Bevölkerung toleriert.

Biologische Hintergründe – Theorien

Entwicklung zum Kathoey

Viele Transgender sehen sich als Frauen, die im Körper eines Mannes gefangen sind. Was sind die Ursachen dafür, wenn die Körperlichkeit und das psychische Empfinden, die Gender-Identität eines Menschen, nicht im Einklang stehen?

Wie das Gehirn arbeitet, ist in weiten Teilen unerforscht und ein großes Mysterium. Man geht davon aus, dass die Identitätsbildung im Gehirnzentrum erfolgt, dem Ort für das Bewusstsein, für Emotionen und Gefühle. Die Forschung befasst sich daher eingehend mit der Struktur dieser Gehirnzone, die vermutlich für die „Gender-Identity" verantwortlich ist -, falls es denn überhaupt ein solches Zentrum gibt.

Im Mutterleib kommt es vermutlich ab dem Zeitpunkt zu einer Fehlentwicklung, wenn Hormone in die Embryo-Entwicklung eingreifen oder diese steuern.

So wurde bereits in einer älteren Studie aus Amsterdam - veröffentlicht in der Zeitschrift „Nature" - beschrieben, dass das Gehirn von männlichen Transsexuellen sich unterscheide vom Gehirn eines „normalen" Mannes. Der Unterschied wurde im „Hypothalamus" gefunden. Dieser ist nicht nur Schaltzentrale für Wasser-, Salzhaushalt und Blutdruck, sondern auch das Kontrollzentrum für Sexualität und Emotionen. Es zeigte sich, dass der Hypothalamus von Transgendern mehr dem von Frauen ähnlich ist, und zwar speziell in dem Bereich, den man dem „Sexuellen Verhalten" zuordnet.

Es soll noch ein anderes Forschungsergebnis erwähnt werden. Somatostatin ist ein Hormon, das die Produktion einer Reihe anderer Hormone hemmt oder reduziert. Untersuchungen zeigen, dass Männer fast doppelt so viele Somatostatin-Neuronen wie Frauen haben.

Dies trifft, wie Studien belegt haben, bei Transgendern i.d.R. nicht zu. Bei ihnen entspricht die Zahl der Neuronen denen der Frauen. Man kann daraus schließen, dass bei Transgendern die sexuelle Differenzierung des Gehirns nicht im Einklang mit dem tatsächlichen Geschlecht steht. Auch neurobiologischen Forschungen bestätigen also eine Geschlechtsidentitäts-Störung.

Zusammenfassend kann man sagen, dass die wissenschaftliche Forschung mehrere Fehlentwicklungen im Embryostadium „dingfest" machen konnten, die die Ursache von Identitätsproblemen bei Transgender-Personen sind. Weitere Forschungsarbeit ist notwendig, um diese Phänomene zu erklären.

Entwicklung zum Transgender:

Genetische Ursachen

Geschlecht und Geschlechtsidentität stimmen bei Transgender-Personen nicht überein.

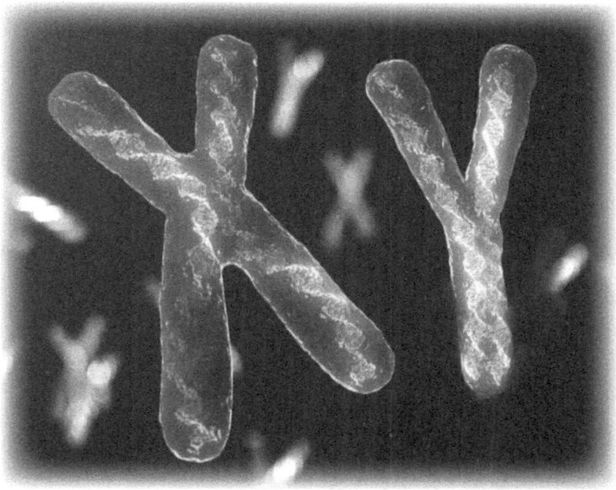

Das Geschlecht basiert auf kulturell akzeptierten Normen: Auf Einstellungen oder Verhaltensweisen, die typisch für Männer oder Frauen sind. Die Geschlechtsidentität hingegen hat mit unserem inneren Gefühl zu tun, mit der Frage, wer wir sind. Menschen drücken ihre Geschlechtsidentität dadurch aus, wie sie sich kleiden oder sich verhalten.

Das Geschlecht wird durch Gene bestimmt, die jeder von uns von den Eltern geerbt hat. Allgemein bekannt ist: Mädchen haben XX-Chromosomen, Jungen XY-Chromosomen. Diese enthalten Gene. Das sind winzige DNA-Stücke, die unseren Zellen sagen, was sie tun sollen. Der Mensch hat 23 Chromosomenpaare, und jedes Paar besteht aus zwei Geschlechtschromosomen in der Form X und Y. Frauen haben zwei X. Wenn die Mutter also die Hälfte jedes Chromosomenpaares mit ihrem Nachkommen teilt, ist das Geschlechtschromosom immer X. Männer haben ein X und ein Y.

Wenn der Vater ein X-Chromosom an sein Kind weitergibt, wird daraus ein Mädchen (XX), wenn er ein Y-Chromosom vererbt, wird ein Junge geboren. (XY). Bei Männern befindet sich auf dem Y-Chromosom ein Gen namens SRY. Dieses Gen bestimmt die Entwicklung zum Mann -, im Folgenden produziert der Körper das männliche Hormon Testosteron, das den Körper anweist, männliche Körpermerkmale zu entwickeln.

Wenn die Geschlechtsidentität ins Spiel kommt, wird es komplizierter. Für mehr als 99 Prozent der Weltbevölkerung stimmen Geschlechtsidentität und biologisches Geschlecht überein. Bei Transgendern hingegen besteht eine Diskrepanz zwischen ihrer Genetik und ihrer gehirnbasierten Identität. Diese Menschen wachsen mit dem Gefühl auf, nicht dem Geschlecht anzugehören, das die Umgebung und der Rest der Welt ihnen zuordnet. Transgender unterscheiden sich von „normalen" Person auch in ihrer sexuellen Orientierung, also darin, ob sie sich zu Männern oder zu Frauen hingezogen fühlen.

Während der Schwangerschaft beeinflussen genetische Faktoren die Entwicklung des Embryos. Unser Sinn dafür, welchem Geschlecht wir angehören - die Geschlechtsidentität - kommt von dem, was uns das Gehirn sagt. Die Geschlechtsidentität wird bei jedem Menschen also „intern" bestimmt, innerhalb der komplexen Interaktionen zwischen den 100 Milliarden Zellen unseres Gehirns. Es ist immer noch unklar, warum diese Identität bei Transgender-Personen nicht mit deren biologischem Geschlecht übereinstimmt.

Die grundlegende Biologie dahinter, wie Chromosomen und Gene dem Körper signalisieren, eine weibliche oder männliche Anatomie zu entwickeln, ist seit langem erforscht. Woher unser Gefühl der Geschlechtsidentität kommt, ist unbekannt. Möglicherweise spielen Gene, die Umwelt oder der Hormonspiegel eine Rolle bei der Festlegung des Geschlechts.

Kinder entwickeln schon früh eine starke Vorliebe für bestimmte Spielsachen, Farben und Kleidung. Kaum dem Babyalter entwachsen, beginnen sie, ihre Geschlechtsidentität auszudrücken. Kinder wissen im Alter von 2 oder 3 Jahren, ob sie ein Junge oder ein Mädchen sind, und sagen das auch.

Im selben Alter bringen auch viele Transgender-Kinder ihre Geschlechtsidentität zum Ausdruck. Meistens sind die Eltern schockiert, wenn ein Transgender-Kind schon so früh ‚weiß', welchem Geschlecht es angehört. Forschungen haben gezeigt, dass sich diese Kinder im Alter von 5 Jahren genauso stark mit ihrem Geschlecht identifizierten wie „normale" Kinder.

Psychologische Hintergründe

Wie nehmen sich die Kathoey selbst wahr? Wie ist ihre Geschlechtsidentität? Betrachten sie sich als Frauen oder als eine Mischung aus Mann und Frau?

„Male Bodies, Women's Souls"-, so bezeichnen sich die Ladyboys selbst. Wie beschrieben, sehen sich die meisten als Frauen, die im männlichen Körper geboren wurden. Das ist auch die einhellige Meinung der Kathoey, die in diesem Buch zu Wort kommen.

Ihre Weiblichkeit wurde bereits in der Kindheit und Jugend sichtbar: In ihrem Verhalten, in ihren Vorlieben, in ihrem Auftreten. Oft gegen den Widerstand ihrer Umgebung.

Alle interviewten Ladyboys betrachteten ihre Fraulichkeit als unveränderlich, trotz aller Probleme und Widrigkeiten, die sie im täglichen Leben erfahren, und die den Alltag für Transgender oft schwer erträglich macht. Manche sind wütend und verzweifelt, fühlen sich von der Natur ungerecht behandelt.

Die befragten Kathoey nannten als Ursache für ihre Entwicklung zur Fraulichkeit verschiedenen Faktoren in ihrer Kindheit:

- Manche wuchsen ausschließlich unter weiblichen Personen auf – mit Mutter, Schwestern, Großmutter etc. Oft mit alleinerziehenden Müttern. Einige hatten als Kinder oder Jugendliche enge Freundschaften mit Kathoey, unter deren Einfluss auch sie sich zu Ladyboys entwickelten.

- Manchmal waren es frühe negative Erfahrungen als Kind in der Familie, im Kindergarten oder in der Schule, die zur Ablehnung alles Männlichen führte.

- Nicht zuletzt waren einige Kathoey der Meinung, dass ihr Wechsel zum weiblichen Geschlecht das Ergebnis der mütterlichen Erziehung war. Die Hauptschuld sahen sie bei der Mutter, die sich (bewusst oder unbewusst) anstelle des Jungen ein Mädchen gewünscht hatte.

<u>FARA:</u> *„Ich denke, dass der langjährige Kontakt mit meinen Transgender-Freunden sehr dazu beigetragen hat, dass ich am Ende zum Kathoey geworden bin. Wir waren viele Jahre lang fast täglich zusammen und haben alles miteinander geteilt. Es kann sein, dass ich heute ein „normaler" Ehemann mit Familie wäre ..., wenn ich andere Freunde gehabt hätte."*

<u>CHAIYA:</u> *„An meinem 6. Geburtstag erklärte ich meinen Eltern, ich möchte gerne von nun an Mädchenkleider tragen, Rock statt Hose. Während mein Vater schockiert war, reagierte meine Mutter sehr wohlwollend auf meinen Wunsch. Später sagte sie mir, dass sie sich damals ohnehin ein Mädchen gewünscht habe, als "Nachzüglerin."*

<u>ROSE (1):</u> *„Es waren Mädchen aus der Nachbarschaft, die mich trösteten, wenn ich traurig war, und sie wurden bald meine besten Freundinnen. Es dauerte nicht lange, da war ich ein Mädchen wie sie: Wir schminkten uns gegenseitig, probierten Kleider aus und hatten viel Spaß dabei. In dieser Umgebung stellte sich für mich gar nicht die Frage, welchem Geschlecht ich angehöre. In keiner Minute meines Lebens hatte ich Zweifel, nie fühlte ich mich als Junge"*

Als Erklärung dafür, dass ihr Körper in einer Zwitterrolle gefangen ist, fällt manchmal das Wort „Karma". Einige der interviewten Kathoey - gläubige Buddhisten/innen – geben sich selbst die Schuld: Verfehlungen im einem ihrer vorausgegangenen Leben seien der Grund, dass sie als Transgender wiedergeboren wurden.

Es gibt also verschiedene biologische und soziale Ursachen für die Entwicklung zum Transgender. Die Mehrzahl der Kathoey fühlen sich bereits von frühester Kindheit an als Mädchen. Alle wollen lebenslang an ihrer Weiblichkeit festhalten; sie sind überzeugt, nichts daran ändern zu können.

Es drängt sich die Frage auf, aus welchem Grund es manche Männer vorziehen, eine Frau zu sein, und damit die schwierige gesellschaftliche Position eines Kathoey in Kauf zu nehmen. In der patriarchalen Gesellschaft Thailands gelten die Frauen als den Männern untergeordnet. Es trifft zwar zu, dass Frauen die „Seele" der Familie sind und damit hohe Wertschätzung genießen.

Dennoch: Warum entscheiden sich die Kathoey in Thailand für eine weibliche Identität -, trotz der Geschlechterhierarchie, trotz der Dominanz des Mannes?

Die Entwicklung einer Mann-zu-Frau-Identität ist letztlich kein Entschluss, der bewusst getroffen wird, diese „Metamorphose" basiert vielmehr auf einem vielschichtigen Langzeitprozess. Wie dargestellt, tragen viele Faktoren dazu bei, eine Transgender-Identität zu formen:

Von der Sozialisation in der Kindheit über biologische Gründe (Gene, Hormone) bis hin zum Glauben an das Karma, an die Unveränderlichkeit des Seins.

Es ist noch reichlich Forschungsarbeit zu leisten; viele Fragen zu psychischen und physischen Zusammenhängen sind offen. An den Universitäten in Bangkok und Chiang Mai befassen sich Wissenschaftler mit dieser Frage, um zu einem besseren Verständnis zu gelangen.

Schließlich sind Kathoey ein typisch thailändisches Phänomen in diesem Zusammenhang soll noch darauf hingewiesen werden, dass die Selbstmordrate der Kathoey ungleich höher ist als bei „normalen" Thailänder/innen. Von den interviewten 45 Ladyboys sprachen immerhin fünf Kathoey von

Selbstmordgedanken und Suizidversuchen, drei von ihnen wurden im letzten Augenblick gerettet.

APIE: „*Ein Mix aus einer vollen Flasche des Reinigungsmittels ‚WC-Ente' und 200 Tabletten Paracetamol sollten mir den sicheren Tod bringen. Tatsächlich sah ich nach Einnahme dieser Mixtur bereits den Himmel in bunten Farben leuchten und hörte sphärische Klänge. Fast blind und Blut spuckend wachte ich in der Klinik auf.*"

MONICA: „*Dies… führte bei mir zum Kurzschluss. Ich wollte mir das Leben nehmen. Ich hatte die Schlinge schon um den Hals gelegt, sie aber dann wieder abgenommen. Nur meine große Angst vor Schmerzen hat mich davon abgehalten, mich umzubringen.*"

MEJI: „*Was folgte, war mein erster Selbstmordversuch 2020. Eigentlich war es „nur" Selbstverstümmelung, ein Hilferuf. Später folgten weitere Versuche, mich umzubringen. Meine Unterarme sind voller Narben durch die vielen Schnittwunden, die ich mir zugefügt habe.*"

Was die Psyche der Kathoey sehr belastet und manchmal zu einer Kurzschlussreaktion führt, ist auch ihr Hang zum Fatalismus. Sehr verbreitet ist die Überzeugung, ihr Leben sei zum Unglücklichsein prädestiniert, insbesondere sei ihnen ein glückliches, erfülltes Liebesleben verwehrt. Das Verlassenwerden wird von vielen als unumgängliches Ende jeder Liebesbeziehung betrachtet, da sich „echte" (heterosexuelle) Männer früher oder später immer für eine „echte" Frau entscheiden würden.

Leider zeigt die Erfahrung, dass die meisten ernsthaften Beziehungen zwischen Kathoey und thailändischen Männern über kurz oder lang auseinanderbrechen. Freundschaften und Ehen mit Ausländern halten meistens länger.

Kathoey und Religion

Buddhismus

Der Einfluss des Buddhismus – der Lehre von Gleichheit, Verständnis und Vergebung - ist ein Hauptgrund, warum Ladyboys in der thailändischen Kultur geachtet und in die Gesellschaft integriert sind. Transgender werden in Thailand primär als menschliche Wesen gesehen, unabhängig vom Geschlecht. Gemäß dem buddhistischen Glauben werden alle Kreaturen und Lebensformen akzeptiert, da sie ein Teil des Ganzen sind.

Wie in den meisten Religionen lag auch im Buddhismus ursprünglich der Sinn der Sexualität in der Gründung einer Familie. Heute glauben viele Buddhistinnen und Buddhisten darüber hinaus an eine starke seelische Verbindung zu ihrem Partner, mit dem sie Sex haben. Sie sind davon überzeugt, dass man auch in einem neuen Leben nach dem Tod Liebe für einen anderen Menschen empfinden kann.

Wenn die Seele einer Frau im Körper eines Mannes wiedergeboren wird, dann kann es zu gleichgeschlechtlicher Liebe kommen.

Ladyboys wird der Besuch eines buddhistischen Tempels meist verwehrt. Denn unter den Mönchen herrscht die Meinung vor, dass sie bei der Begegnung mit einem Kathoey auf „unkeusche Gedanken" kommen könnten. Für buddhistische Mönche und Nonnen ist homosexueller, aber auch heterosexueller Sex generell verboten. Jedoch hat jedes buddhistische Kloster andere Regeln. So wird teilweise streng sanktioniert, wenn Mönche und Nonnen gegen das Verbot verstoßen, teilweise aber werden sexuelle Handlungen in Klöstern geduldet. Es gibt Beispiele in religiösen Schriften, in denen man „Sündern" gegenüber Milde walten ließ und sich tolerant zeigte. Ihnen wurde vom Orden vergeben, oder sie wurden gar zu geehrten Mitgliedern.

Der Buddhismus greift (wie fast alle Religionen) auf verschiedene Weise in die sexuellen Verhaltensweisen der Mönche und auch der Gläubigen ein. Dabei wird jedoch Homosexualität in den buddhistischen Schriften nicht ausdrücklich erwähnt, und im buddhistischen Diskurs als Privatsache betrachtet. Sexuelle Praktiken haben, solange sie diskret praktiziert werden, keine Repressionen zur Folge.

Unter „falschem" sexuellen Verhalten versteht der thailändische Buddhist Vergewaltigung, Ehebruch und Kindesmissbrauch. Das sind gravierende Verfehlungen.

Die Tempel sind manchmal die einzige Anlaufstelle für Thailänder, wenn sie hungrig sind. Mönche geben an arme Menschen Essen aus. Welche Erfahrungen dabei Kathoey MONICA gemacht hat, erzählt sie im Interview:

MONICA: „Da ich derzeit ohne Einkommen bin, besuche ich jeden Tag einen Tempel, um nicht zu verhungern. Dort geben die Mönche kostenlos Essen aus. Ich bin aber gezwungen, mir immer neue Tempel zu suchen, da mich inzwischen viele dieser „heiligen Männer'" kennen und abweisen. Die buddhistischen Mönche sind der Meinung, dass sie von den Kathoey auf unkeusche Gedanken gebracht werden, und schicken Ladyboys daher meistens weg.

Islam

Der Süden von Thailand ist teilweise islamisch. Kathoey gelten – auch nach einer Totaloperation – im Islam weiterhin als Männer. Muslimische Homosexuelle machen sich bei sexuellen Aktivitäten einer „haram" schuldig, also einer schweren Sünde. Das ist die Mehrheitsmeinung im Islam.

In einem Artikel auf Muslimthaipost.com, der meistbesuchten Website thailändischer Muslime, wurde vor kurzem behauptet, dass Transgender durch einen Arztbesuch geheilt werden können. Es wurde sogar ein bestimmter Arzt vorgeschlagen. „Der Grund für ihr ‚Anders-sein'," schreibt der Autor des Artikels, „kann daran liegen, dass ihre Familien sie falsch erzogen haben oder das Umfeld sie dazu gemacht hat. Diese Menschen müssen sich an das anpassen, was der Islam lehrt."

Auch Abdullatif Karee, Vizedirektor der Fakultät für Islamwissenschaft und Recht an der Fatoni-Universität (Süd-Thailand) meint: „Die islamischen Lehren akzeptieren die Tatsache der Existenz solcher Personen, sehen es aber als eine Mission Gottes an, dies zu überwinden. Dabei hilft der Islam den Menschen auf der Suche nach dem richtigen Weg."

APIE: „Einige Tage später wurde ich dafür hart bestraft: Alle Mitglieder der Schule mussten im Hof erscheinen. Es wurde die grüne Fahne des Islam hochgezogen. Dann zwang mich der Direktor vor den versammelten Schülern, den Büstenhalter auszuziehen. Und ich musste mich vor der gesamten Schule entschuldigen, vor 300 Jungen und jungen Männern..."

Es gibt in westeuropäischen Ländern auch eine liberale Strömung fortschrittlicher Moslems. Nach deren Meinung findet man im Koran keinerlei Aussagen zu der Frage sexueller Orientierung. Nur sexuelle Gewalt wird übereinstimmend von allen verurteilt. Doch jegliche Form sexueller Aktivität liegt allein in der Verantwortung des Einzelnen.

Wie leben Kathoey heute?

Leben die Kathoey in Thailand wirklich in einer Welt, die ihnen Toleranz und Verständnis entgegenbringt? Gibt es im „Land des Lächelns“ keine oder nur geringe Vorurteile gegenüber Ladyboys? Besteht Chancengleichheit für alle?

Während in der EU jeder zweite Transsexuelle über Gewalt und öffentliche Anfeindungen klagt, bewegen sich Thailands Ladyboys weitgehend unbehelligt in der Öffentlichkeit. Kathoey sind in der thailändischen Kultur sichtbarer und mehr akzeptiert als Transgender in anderen Ländern der Welt. Nicht wenige populäre thailändische Sänger/innen, Models und Filmstars sind Kathoey. Thailändische Zeitungen berichten oft von Kathoey-Schönheitswettbewerben- Diese werden nicht nur in großen Städten ausgetragen, in vielen Dörfern gibt es Beauty-Contests für Ladyboys, häufig im Rahmen lokaler Feste.

Oberflächlich betrachtet scheinen die Ladyboys in der thailändischen Gesellschaft voll integriert zu sein -, dank buddhistischer Toleranz. Im Alltag sieht die Realität meist anders aus:

Im kastenartigen Sozialgefüge Thailands nehmen die Ladyboys nach wie vor einen Platz ganz unten ein. Transgender sind in Thailand eher „geduldet“ als voll akzeptiert. Die Kategorie „3. Geschlecht“ gibt es zwar schon seit Jahrhunderten in der sozialen Ordnung des Landes, jedoch waren Thailands Ladyboys immer schon eine Randgruppe der Gesellschaft.

SACHA: „Rückblickend erscheint mir meine Vergangenheit chaotisch, voller Enttäuschungen und Fehlentscheidungen. Meine Webseite beginnt mit dem Hilferuf: 'I am tired of life. Why does my life have to be like this?'“

Übergriffe sind in Thailand weitgehend unbekannt, Konflikte werden möglichst vermieden. Entsprechend verpönt sind öffentliche Anfeindungen, auch gegen Transsexuelle.

Aggressivität, Misshandlungen und Terror findet man jedoch auch heute noch innerhalb der Familie, die oft nach außen so abgeschirmt ist, dass niemand davon erfährt. Es wird weniger körperlich gezüchtigt wie in früheren Zeiten, aber umso mehr gibt es verbale Gewalt. Viele Väter können nicht ertragen, wenn ihr Sohn plötzlich mit Lippenstift und Make-up experimentiert. Ein Junge, der die Geschlechtergrenzen durchbricht, übersteigt in der Regel die Toleranzgrenze des Vaters.

Laut einer anonymen Umfrage der Bangkok-Universität lehnen rund 60 Prozent der betroffenen Väter und gut ein Drittel der Mütter den Wunsch ihrer Söhne, das Geschlecht zu wechseln, ab. Kathoey, die in solchen Familien groß werden, verlassen nicht selten ihr Elternhaus und ziehen spätestens nach Abschluss der Schulausbildung in eine größere Stadt.

Die Interviews im 2. Teil des Buches sind voll von Klagen über Probleme in der Familie. In der Kindheit dieser Kathoey, die 10 bis 20 Jahre zurückliegt, waren Strafen wie etwa Stockschläge ein probates Mittel der Erziehung. Heute sind fast alle der Meinung, dass sich in den letzten Jahren die Situation der Ladyboys in Öffentlichkeit und Familie gebessert habe.

PHOOMMIE: „Von dem Tag an, als bei uns der neue Mann einzog, hatte ich wenig zu lachen. Mein Stiefvater hasste Kathoey und war fest entschlossen, mich auf den ‚rechten Weg' zu führen. Er hat mich geschlagen, mit Füßen getreten, das Essen verweigert und hoffte so, dass ich mich zum Mann entwickle."

ROSE 1: „Ladyboys sind immer ein gutes Ziel von Aggressionen, man kann sie ungestraft drangsalieren. So wurden mir einmal vor der versammelten Klasse die Haare abgeschnitten, und auch der Lehrer hatte Freude an dieser Demütigung."

FARA: „(Mein Vater) hatte von meinem Schminkversuch erfahren und mich zu sich nach Bangkok bestellt. Kaum hatte ich seine Wohnung betreten, holte er den Stock heraus und prügelte so lange auf mich ein, bis ich fast bewusstlos war. Er sagte, er wolle nicht mehr mein Vater sein, ich solle sofort verschwinden. Mit großen Schmerzen fuhr ich 12 Stunden im Bus wieder zu meinem Großvater zurück.“

Thailand war und ist – jenseits der touristischen Vergnügungsviertel – keineswegs ein Paradies der Freizügigkeit. Küsse und Zärtlichkeiten auf offener Straße sind auch heute noch ein Tabu. Selbst wenn ein Tourist Hand in Hand mit einem Ladyboy durch Bangkok spaziert, wird das von Thailändern nicht gern gesehen.

Thais sind der Meinung, dass sich Kathoey strikt an die Regeln halten sollten, die die thailändische Gesellschaft von Frauen erwartet, wie Höflichkeit und Bescheidenheit. Sie sollten die moralischen Prinzipien der buddhistischen Gesellschaft verinnerlichen, damit ihnen Verständnis in der Familie entgegengebracht wird und Toleranz in der Öffentlichkeit.

*

Fazit: Die Auffassung, Ladyboys würden von Thailands Gesellschaft uneingeschränkt akzeptiert, trifft nicht zu, auch wenn die Philosophie des Buddhismus immer ein Katalysator für die Integration der Kathoey war. Vorurteile gegenüber Transgendern bestehen nach wie vor, freilich in geringerem Maße als früher. Diese Verbesserung ihrer Lebensqualität haben die Kathoey nicht zuletzt dem Wandel Thailands zur modernen Informationsgesellschaft zu verdanken. Aufgeklärt durch Internet und Soziale Medien verhalten sich heute viele Menschen offener und toleranter gegenüber Kathoey.

Berufliche Chancen

In Thailand muss man nicht unbedingt maskulin sein, um beruflich Erfolg zu haben. Transgender können durchaus in Firmen und Unternehmen höhere Positionen erreichen und zu Ansehen und Wohlstand gelangen; dafür gibt es viele Beispiele.

Mehr als zu kaufmännischen Berufen tendieren Kathoey meist zu kreativen Tätigkeiten. Androgyne Männer arbeiten oft künstlerisch, als Designer etwa oder in der Schönheitsbranche. Viele finden eine Beschäftigung als Friseurinnen, manche betreiben Kosmetikstudios. Überhaupt -, in der Kosmetikbranche zu arbeiten, das erscheint vielen Ladyboys als Traumjob. Auch in sozialen Berufen begegnet man nicht selten Kathoey, als Medizinische Masseure in Kliniken, in der Krankenpflege oder Altenbetreuung.

Vom Gesetz her dürfen Kathoey nicht benachteiligt werden. In Wirklichkeit ist das Leben für Transgender jedoch beschwerlich und kompliziert.

- Sie verlieren leichter ihren Arbeitsplatz als andere und es ist ungleich schwieriger für sie, einen Job zu finden.

- Nicht wenige Berufe sind ihnen ganz verwehrt. Manche Arbeitgeber stehen Bewerbungen von Kathoey kritisch gegenüber oder lehnen generell eine Zusammenarbeit mit Transgendern ab.

Befördert durch das Internet, scheint sich im modernen Thailand die Situation der Kathoey auch im beruflichen Alltag zu bessern.

ROSE (2): „Ich hatte mich einmal in einem Hotel als Kellner/in beworben. Der Personalchef sagte, er könne mich nur in der Wäscherei beschäftigen. Klar, diese war im Keller...

LIJDIA: *„Auf Suche nach Arbeit gab es nur eine Chance für mich: Ich musste mich als Mann bewerben. Tatsächlich hatte ich Glück und wurde von einer Kleiderfabrik als Näher eingestellt. Es war eine harte, schlecht bezahlte Arbeit, 10 Stunden am Tag."*

MOMO: *„Ich hatte mich in einem 5-Sterne-Hotel vorgestellt, das Mitarbeiter für die Rezeption suchte -, für mich ein Traum-Job! Der Chef war erfreut, weil ich bereits Hotelerfahrung hatte und sagte, er wolle mich gerne einstellen. Seine einzige Bedingung war, dass ich die Haare kurz schneide und Männerkleidung trage. Er sagte, er könne seinen Gästen nicht zumuten, von einem Ladyboy empfangen zu werden."*

Neben Schönheitswettbewerben der unterschiedlichsten Art (- „Beauty-Contests" werden nicht nur in Städten, oft auch auf ländlichen Jahrmärkten abgehalten -) sind seit Ende der 60er Jahre in Thailand Cabaret-Shows eine beliebte Touristen-Attraktion. Viele der dort auftretenden Tänzerinnen sind Kathoey. Manch ein Ladyboy träumt von dieser Karriere; von der Chance, sozusagen „tanzend" der Armut zu entkommen.

Im „Tiffany", Pattayas ältestem Transvestiten-Kabarett, haben inzwischen Tausende Besucher aus der ganzen Welt die berühmten Shows gesehen. Im "Palast der Dekadenz und Eleganz" wird auch jährlich der "Miss International Queen"- Contest ausgetragen. in dem die schönste Transgender-Frau gekürt wird, die „Miss Tiffany Universe".

Wie in allen künstlerischen Berufen sind auch diese Tänzerinnen immer in Gefahr, bei Nachlassen der Leistung in einen „Schmuddel-Job" abzugleiten. Nicht wenige einst erfolgreicher Stars in Cabaret-Shows fanden sich nach Beendigung ihrer Karriere in einer der Bars wieder.

Hormone

Die überwiegende Mehrzahl der Kathoey nimmt in der Pubertät oder bereits im Kindesalter Hormone ein, manche ihr ganzes Leben lang -, um ihrem Körper weibliche Formen zu verleihen, um eine frauliche Figur zu erhalten.

Die Interviews im 2. Teil belegen beeindruckend, dass kaum ein Ladyboy auf Hormone verzichtet. Es fasziniert sie, den Körper zu perfektionieren und die Brust ohne Operation zu vergrößern. Oft zeigt sich das Ergebnis einer Hormonbehandlung relativ schnell, sodass die Kathoey an sich beobachten können, wie sich langsam der Wandel zur Frau vollzieht. Außerdem stoppen Hormonspritzen oder Östrogenpräparate den Bartwuchs und dämmen die Körperbehaarung ein. Die Haut wird zarter und weiblicher.

Das Durchschnittsalter der Ladyboys, die beginnen, Hormontabletten einzunehmen, liegt bei 15 Jahren. Manche konsumieren bereits als Schüler Östrogentabletten und Anti-Androgene, zumal diese in Thailand rezeptfrei in Drogerien erhältlich sind. Lokale Drogerieketten führen bis zu 23 verschiedene Hormonpräparate, die alle ohne ärztliches Attest über die Ladentheke verkauft werden.

Konflikte in den Familien der Kathoey und in der Schule lassen oft nicht lange auf sich warten:

EMILI: „Ich fing mit 14 Jahren an, Hormone zu nehmen, so dass mir ein kleiner Busen gewachsen war. Da meine Schuluniform sehr eng an meinem Körper anlag - sie war ja nicht für Mädchen genäht -, kam ich eines Tages auf die Idee, einen BH zu tragen. Der Lehrer bemerkte dies sofort beim morgendlichen Appell auf dem Schulhof, wenn alle gemeinsam die Nationalhymne singen. Für den nächsten Tag wurden meine Eltern einbestellt, und ich musste vor allen Mitschülern den BH ausziehen. Natürlich habe ich mich sehr geschämt, am meisten vor meinen Eltern.“

Nicht nur der Wunsch, fraulicher zu werden, motiviert die jungen Transgender zur Einnahme von Hormonen, viele erhoffen sich dadurch auch bessere Chancen, einen Partner zu finden. Dabei beklagten sich einige, dass sie von ihren Partner geradezu gezwungen worden, Hormone einzunehmen, um damit ihre Brust zu vergrößern.

Die Nebenwirkungen und Risiken bei einer langjährigen Hormonbehandlung sind nicht unerheblich:

- Die Wahrscheinlichkeit für Herz-Kreislauf-Erkrankungen steigt.

- Durch Veränderung des Hormonhaushaltes kann es zu Hitzewallungen, Schweißausbrüchen oder Stimmungsschwankungen kommen.

- Wenn Männer viele Jahre lang Östrogen einnehmen, führt das oft zu Unfruchtbarkeit.

- Die Nebenwirkungen reichen von Leberschäden über ein erhöhtes Brustkrebsrisiko bis zur Thrombosegefahr.

- Zu viele weiblich Hormone regen darüber hinaus die Prostata zum Wachstum an -, die Folgen sind bekannt.

- Auch die Potenz kann beeinträchtigt werden.

Mehrere der interviewten Ladyboys berichteten, dass sie die Hormonkur - unfreiwillig - unterbrechen oder absetzen mussten, nachdem die Beschwerden unerträglich geworden waren. Meist ging eine langjährige Hormonbehandlung den gesundheitlichen Problemen voraus.

MARINA: „Im Alter von 15 Jahren begann ich, Hormone einzunehmen -, Tabletten aus Vietnam. Ich habe sie aber wieder abgesetzt, denn ich litt zu sehr unter den Nebenwirkungen wie Schwindel, Erbrechen etc.“

Umgekehrt klagen Kathoey darüber, dass sie bei Unterbrechung der Hormonkur von Depressionen und Selbstzweifeln heimgesucht werden.

NAMCHA: „Ich denke, fehlende Östrogene sind der Grund, dass ich immerzu von Selbstzweifeln geplagt werde und zu Depressionen neige. Ohne Hormontabletten fühle ich mich zutiefst verunsichert und stelle mir täglich die Frage, ob ich Mann oder Frau bin.“

ROSE (2): „Viele nehmen Hormone deshalb, damit ihnen kein Bart wächst. So habe auch ich jahrelang täglich Antibaby-Tabletten geschluckt, bis mein ganzer Körper schmerzte. Seitdem habe ich die Hormonbehandlung abgesetzt. Dies ist vielleicht der Grund, dass ich der Meinung bin, nunmehr besonders hässlich und unattraktiv zu sein. Mein Selbstbewusstsein ist auf dem Tiefpunkt. Heftige Depressionen zwingen mich manchmal, den ganzen Tag über im Bett zu bleiben“

Operationen

SRS-Operationen

Thailands Chirurgen sind weltweit die Nr. 1, was Operationen zur Geschlechtsumwandlung betrifft. Es wird geschätzt, dass in den Kliniken Thailands jährlich zwischen 500 und 1000 Komplett-Operationen durchgeführt werden. Man nennt diese „SRS“ *(Sex Reassignment Surgery).*

Nach Aussage eines renommierten Chirurgen unterziehen sich ca. 7% der Kathoey Thailands einer Total-Operation.

Bei Kathoey stimmen das biologische Geschlecht und die gefühlte sexuelle Identität nicht überein. Daraus kann bei transsexuellen Personen ein großer Leidensdruck entstehen. Durch eine Geschlechtsumwandlung - der Fachbegriff lautet ‚Geschlechtsangleichende Operation‘ - durch Hormonbehandlung und chirurgische Eingriffe - können Ärzte die körperlichen Merkmale verändern. Vom männlichen zum weiblichen Geschlecht, aber auch umgekehrt.

In Deutschland haben sich im Jahr 2020 ca. 2100 Menschen einer Geschlechtsumwandlung unterzogen. Für diese Operation müssen gewisse Voraussetzungen erfüllt werden.

Die „Standards of Care“ der World Professional Association for Transgender Health (WPATH) empfiehlt, dass Betroffene vor einer geschlechtsangleichenden Operation mindestens zwölf Monate lang in der angestrebten Geschlechterrolle gelebt haben und sich ein halbes Jahr lang einer sogenannten gegengeschlechtlichen Hormonbehandlung unterzogen haben.

Ob diese Empfehlung in Thailand beachtet wird, ist zweifelhaft.

Eine kurze Erläuterung der beiden Operationsmethoden.

A) Bei der „einfachen“ SRS-Operation, die 4000 bis 5000 EUR kostet, wird das männliche Glied - vereinfacht ausgedrückt - „nach innen gestülpt“. Es scheint aber, als würde diese OP in vielen Fällen den Patienten nicht glücklich machen. Aus unterschiedlichen Gründen.

B) Mit der teuren SRS-Operation - Preis ca. 10 000 EUR – scheint der Arzt viel eher in der Lage zu sein, ein für den Patienten zufriedenstellendes Ergebnis zu erzielen. Bei diesem Eingriff öffnet der Arzt mit zwei kurzen Laserschnitten die Bauchdecke und entnimmt ein Stück des Darms. Damit wird dann das männliche Glied verlängert und ins Körperinnere integriert.

Kathoey, die sich diese Operation leisten konnten, sind zu 90% mit dem Ergebnis zufrieden und froh, dass sie sich dafür entschieden haben. Sie klagen nur selten über Probleme, mit denen sie nach dem medizinischen Eingriff konfrontiert werden.

Um zu einer SRS- Operation zugelassen zu werden, müssen folgende Kriterien erfüllt sein:

- Der Patient muss mindestens 18 Jahre alt sein bzw. benötigt die Einwilligung der Eltern, wenn er unter 20 Jahre alt ist.
- Patienten müssen mindestens 5 Jahre „als Frau“ gelebt haben, d.h. als Kathoey.
- Vor einer geschlechtsangleichenden Operation muss man mindestens ein Jahr lang Hormone eingenommen haben.
- Ein psychologisches Gutachten muss diagnostizieren, dass die Transgender-Person gravierende seelische Probleme bzgl. ihres

Geschlechts hat („gender dysphoric"). Ein Psychologe muss darüber hinaus zwei Monate vor der Geschlechtsangleichung bestätigen, dass der Patient für die Operation psychisch geeignet ist.

Eine SRS-Operation für 10 000 EUR wird zwar von einigen Kathoey in Betracht gezogen, die meisten bezeichnen die OP aber als „Traumziel" für die Zukunft. Nur wenige können sich diesen Eingriff jemals leisten. Darüber hinaus ist vielen bewusst, dass die Operation kompliziert ist und voller Risiken. Oder das Ergebnis entspricht nicht dem, was der Patient erwartet hatte.

Tatsächlich klagen Kathoey nach dem Eingriff vielfach über gesundheitliche Probleme, über fehlende Empfindlichkeit im operierten Bereich und auch über Dauerschmerzen.

Andere Beschwerden: Nicht selten treten „Phantom-Schmerzen" in dem Körperteil auf, der nicht mehr da ist, wie sie von Bein- oder Arm-Amputationen her bekannt sind. Manchmal entstehen durch eine SRS-Operation früher oder später psychologische Probleme, sog. „Verlustschmerzen": Der Schmerz, einen wichtigen Teil seines Körpers verloren zu haben und der Wunsch, wieder „komplett" zu sein.

Ein nicht unerhebliches Gesundheitsrisiko ist auch, dass die Patienten nach der Operation für den Rest ihres Lebens Hormone einnehmen müssen.

*

In den Interviews lehnte über die Hälfte der befragten Kathoey kategorisch ab, sich jemals operieren zu lassen. Manchmal wurde die Meinung vertreten, dass eine OP nicht dem Wohl des Kathoey diene, nicht seinen Bedürfnissen entspräche. Diesem Eingriff unterzögen sich die meisten Ladyboys nur in der Absicht oder oft auch aus der Not heraus, um den sexuellen Wünschen und Vorstellungen des Partners entgegenzukommen...

JELE: „(Ich hatte) Liebesbeziehungen mit einem französischen Mann und später mit einem Russen. ... Beide Männer machten eine Fortsetzung unserer Beziehung und spätere Heirat davon abhängig, dass ich mich einer Total-Operation unterziehe."

Eine Geschlechtsumwandlung - ebenso wie andere operative Eingriffe (Brust-OP etc.) oder die Einnahme von Hormonen – trägt offensichtlich dazu bei, die Identität des Transgender zu festigen.

Nicht selten manifestiert sich in einer Totaloperation der Wunsch des Operierten, gesellschaftlich akzeptiert zu werden; die Hoffnung, vollständig zur ‚Frau' zu werden und damit auch leichter einen Liebhaber oder Lebenspartner zu finden.

Brustvergrößerung u.a.

In Internetforen erfährt man, dass in thailändischen Kliniken Brustvergrößerungen am Fließband vorgenommen werden, in manchen Krankenhäusern bis zu 50 am Tag. Die Mehrheit der Kathoey entschließt sich zu diesem Schritt, der rund 1000 EUR kostet und mitunter mit einem Bankkredit finanziert wird.

Das Implantat besteht aus Silikon und wird mit einem Schnitt unterhalb der Brust bzw. unter der Achsel (bei kleinen Brüsten) in den Brustbereich eingeschoben. Die Operation ist i.d.R. komplikationslos und wird in der Klinik ambulant durchgeführt.

Es gibt noch eine ganze Reihe anderer medizinischer Eingriffe zur „Feminisierung", wie Silikoninjektionen und ‚Adamsapfel'- Reduktionen.

Wie erwähnt, sind Operationen für Kathoey hilfreich bei der eigenen Identitätsfindung; die Operierten hoffen, sich danach weiblicher zu fühlen.

Andererseits wird behauptet, ein Transgender könne, auch wenn sein Körper physisch ganz zur Frau geworden ist, niemals seine Männlichkeit verlieren. Seine Seele wird immer männlich bleiben, zumal in seinem Gedächtnis die Sinnesempfindungen aus seinem Leben vor der Operation unauslöschlich gespeichert sind.

Gesichtsfeminisierung und „Adamsapfel"-Entfernung

Eine weitere Möglichkeit, um dem weiblichen Idealbild näher zu kommen, ist die Gesichtsfeminisierung. Auch diese Operation wünschen sich nicht wenige„Ladyboys". Die Behandlung richtet sich nach den individuellen Wünschen und physiologischen Voraussetzungen und soll die Gesichtszüge weicher und weiblicher wirken lassen. Der Arzt kann dabei Korrekturen am Kinn, der Nase, den Wangen oder den Lippen vornehmen.

Typisch für einen Mann ist auch der „Adamsapfel". Daher steht eine Kehlkopfverkleinerung auch auf der Wunschliste der Kathoey.

Der Kehlkopf ist das Verbindungsstück zwischen Rachen und Luftröhre und hat zwei Funktionen: Zum einen verschließt er beim Schlucken den Eingang zur Luftröhre und schützt diese vor Speisestücken, zum anderen ist er wesentlicher Bestandteil zur Stimmbildung. Bei Männern ist der Kehlkopf häufig ausgeprägter, da dort die oberste Spitze des Schildblatts weiter hervorsteht. Bei einer Kehlkopfverkleinerung - also bei der Entfernung des Knorpels - besteht die Gefahr, die darunterliegenden Muskeln und Stimmbänder zu verletzen.

Körpermerkmale der Kathoey

In diesem Zusammenhang soll – der Vollständigkeit halber – noch beschrieben werden, woran man Ladyboys körperlich erkennt:

- An ihrer Körpergröße. 65% der Ladyboys sind größer als der durchschnittliche thailändische Mann. Seine Beine sind im Schnitt länger als beim „normalen" Thailändern. Dafür ursächlich sind möglicherweise die jahrelangen Hormonbehandlungen, denen sich die Mehrzahl der Ladyboys unterzieht.

- Transgender haben im Vergleich zum Körperbau große Hände und Füße.

- Man erkennt Kathoey oft an der Stimme, die durch die Hormonbehandlung heiser klingt.

- und am Vorhandensein eines ‚Adamapfels'. Manche Ladyboys lassen dieses verräterische männliche Körperteil in der Klinik abschleifen.

Kurios: Statistiker haben herausgefunden, dass sich unter Ladyboys doppelt so viele Linkshänder befinden wie in der normalen Population.

Physiologie

Joult Schouten, Direktor der Dutch East India Company, schrieb im Jahr 1636 über die Bewohner Siams: „Männer und Frauen tragen nur spärliche Kleidung. Sie sind kaum voneinander zu unterscheiden. Beide Geschlechter trugen bunt bemalte Petticoats."

In Reiseberichten aus dem 19. Jahrhundert wird die Bevölkerung Thailands ähnlich charakterisiert: Es sei auffallend, dass zwischen Mann und Frau äußerlich fast kein Unterschied besteht: „Sie haben die gleiche zierliche Figur und tragen ähnliche Kleidung".

Auch im frühen 20. Jahrhundert beschäftigte westliche Besucher Thailands das Fehlen einer sichtbaren Geschlechterdifferenzierung, und zwischen den beiden Weltkriegen war die umfassende Androgynität der Bevölkerung ein häufig diskutiertes Thema von Besuchern des Landes. Immer wieder wird festgestellt, dass Männer an „Schönheit" den Frauen ebenbürtig seien.

Die männliche Bevölkerung Thailands insgesamt ist von Natur aus eher „feminin", im Vergleich zu den „Farang", wie man Touristen aus Europa und USA nennt. Thais sind – wie viele Asiaten - von kleinerem Wuchs, haben zierliche Körper, auch weiche Gesichtszüge und glattere Haut.

Maskulinität ist gewiss bei Europäern stärker ausgeprägt als bei der männlichen Bevölkerung Thailands, Kambodschas oder Laos'. Man könnte auch sagen, die thailändischen Männer sind vom Charakter her eher „Softies" als „Machos".

Von der physischen Erscheinung her wie auch aufgrund des Volkscharakters ist es für einen Thailänder sicher einfacher, den Schritt von Mann zu Frau zu vollziehen. Für Männer anderer Ethnien ist oft viel schwieriger, das Geschlecht zu wechseln.

Partnersuche

„Farang"

Kathoey bevorzugen bei der Partnersuche Ausländer, am liebsten „Farang".

Als „Farang" bezeichnen die Thailänder Besucher aus Europa, Nordamerika oder Australien. Farang sind in Thailand herzlich willkommen, besonders Kathoey bringen ihnen große Sympathien entgegen. Sie gelten als ehrlich und vertrauenswürdig und genießen den Ruf, treue Partner zu sein. Ladyboys betonen im Gespräch immer wieder, dass sie von den „Farang" akzeptiert und respektvoll behandelt werden. Dies, so sagen sie, ließen die thailändischen Männer vermissen. In deren Gesellschaft fühlten sich die Kathoey wie Menschen zweiter Klasse.

Transgender haben oft Minderwertigkeitsgefühle, empfinden sich als Außenseiter der Gesellschaft. Wenn man ihnen nicht auf Augenhöhe begegnet, sondern sie herablassend behandelt, trifft man sie an der empfindlichsten Stelle ihrer Gefühlswelt.

Im Übrigen schätzen Thailänder das (in ihren Augen) attraktive Aussehen der Ausländer, u.a. lieben sie deren „schön gewachsenen, langen" Nasen. (Nasenverlängerungen sind unter Thailänder/innen sehr populär). Sicher spielen auch finanzielle Gründe eine Rolle, dass sich die meisten Ladyboys einen Farang als Lebensgefährten oder Boyfriend wünschen.

Es verwundert nicht, dass die Suche nach einem ehrlichen Partner vielfach von Enttäuschungen geprägt ist.

<u>APIE:</u> „Ich habe Angst, dass ich als Transgender lebenslänglich allein sein werde. Denn leider gibt es für uns Kathoey nicht genügend Männer, die tolerant sind und bereit, mit einem Ladyboy zusammenzuleben, ihn vielleicht zu heiraten."

Nur einer der befragten Kathoey hatte zum Zeitpunkt der für dieses Buch geführten Interviews eine feste Beziehung. Manche berichteten von lang- oder kurzfristigen Freundschaften in der Vergangenheit.

Bemerkenswert ist, dass keiner der Ladyboys Kontakte zu homosexuellen Personen sucht oder Beziehungen mit ihnen hatte, sondern dass sie sich „normale“ Männer als Lebenspartner wünschen.

APIE: „Im Gegensatz zur vorherrschenden Meinung unter den Kathoey kommen nur wenige ausländische Männer nach Thailand, weil sie ernsthaft auf Partnersuche sind und bereit für eine dauerhafte Beziehung. ... Erwartungen und Wünsche liegen oft weit auseinander. Nicht zu unterschätzen auch die Mentalitäts- und kulturellen Unterschiede zwischen Farang und Kathoey.“

PAULA: „Ich hatte es satt, Männer zu suchen, die es gar nicht gab. Denn eins ist klar: Nachdem sich Kathoey seit 10 Jahren „explosionsartig vermehren“, stellt sich die Frage: Wo kommen all die Männer her, die eine Freundschaft mit Ladyboys suchen? Die diese „Zwitterwesen“ mögen und lieben?“

Die Kathoey ihrerseits sind nicht dafür bekannt, treue Lebensgefährten zu sein. Obwohl ihnen dieses negative Image anhaftet, gibt es – so eine Umfrage von 2020 - Tausende konstanter Liebesbeziehungen zwischen Kathoey und Ausländern, die meisten davon in Bangkok.

Wieviel Kathoey jährlich in den Heimatländern der Farang heiraten, darüber gibt es keine Statistik.

Seit 2017, der Einführung gleichgeschlechtlicher Ehen in Deutschland, wurden in den darauffolgenden fünf Jahren 32 300 Ehen zwischen zwei Männern geschlossen, Transgender-Ehen inklusiv.

Das Gesetz, das in Thailand im Juni 2022 in Kraft getreten ist, hat viele überrascht. Heute ist eine Hochzeit zwischen Farang und Kathoey in Thailand legal möglich. Dabei ist die Heirat Mann/Mann gesetzlich gleichgestellt mit einer Ehe zwischen Mann und Frau.

Gesetze sind ja Ausdruck des Zeitgeistes und spiegeln in der Regel die Meinung innerhalb der Gesellschaft wider. Das neue Gesetz zur gleichgeschlechtlichen Ehe in Thailand ist revolutionäre im asiatischen Raum.

In ganz Asien war Taiwan das erste Land, das solche Ehen anerkannte – bereits 2019. Dagegen kriminalisiert zum Beispiel Malaysia gleichgeschlechtliche Liebe immer noch mit Strafen bis zu 20 Jahren Gefängnis oder Stockschlägen. Thailands Nachbar im Osten, Myanmar, bestraft „Geschlechtsverkehr gegen die Ordnung der Natur" mit bis zu 10 Jahren Gefängnis und einer Geldstrafe.

Das neue Gesetz, das nunmehr vom Parlament bestätigt wurde, beweist, dass sich in den letzten Jahren in Thailand ein bemerkenswerter Wandel vollzogen hat. Die gesellschaftliche Akzeptanz der Transgender, die sich in dem neuen Gesetz manifestiert, ist ein großer Schritt in Richtung „tolerante Gesellschaft".

Alltags-Probleme der Kathoey

Ausweis, Militärdienst, Diskriminierung, Jobsuche, Justiz

a) Ausweise

Thailänder müssen in der Öffentlichkeit ständig einen Ausweis mit sich führen. Ausweisdokumente – wie die „Thai National Identification Card"- sind für das tägliche Leben in Thailand besonders wichtig, da sie für viele behördliche und private Vorgänge verlangt werden, wie z.B. bei Anmietung von Wohnraum.

In seinem Ausweis ist ein Kathoey klar als Mann identifiziert, auch durch seinen Vornamen.

Eine rechtliche Anerkennung von männlichen Transgender-Personen als Frauen gibt es in Thailand nicht. Seit 2012 kann offiziell eine Abweichung vom Geburtsgeschlecht als Zusatz-Information im Ausweis eingetragen werden.Eine grundsätzliche Änderung des Geschlechts oder Anpassung des Vornamens ist nicht möglich, auch nicht nach einer Geschlechtsumwandlung. Dies führt oft zur Verwirrung und zu Missverständnissen, etwa bei Grenzübertritten.

b) Militärdienst

In Thailand dauert der Militärdienst zwei Jahre. Alljährlich wird durch das Los ermittelt, wer eingezogen wird. Dieses Verfahren ist in vielen Ländern Asiens üblich. Am Tag der Einberufung müssen alle Männer über 21 Jahre – auch diejenigen, die sich nicht (mehr) als männlich betrachten – an der Wehrpflicht-Lotterie teilnehmen. Da Thailänder, wie ausgeführt, ihr Geschlecht im Pass nicht ändern können, werden auch Kathoey ohne Ausnahme als Wehrpflichtige registriert.

So sieht man bei der Militär-Lotterie inmitten von männlichen Rekruten in normaler Kleidung oft wunderschön gestylte und geschminkte Transgender. Diese Bilder werden jährlich in der Presse veröffentlicht und im Fernsehen gezeigt. Es ist jedes Mal ein großes Spektakel in Thailand...

In den Wochen vor der alljährlichen Musterung herrscht, so wird erzählt, großer Andrang bei den Kosmetik-Kliniken des Landes zur Brustoperation. Denn wenn ein Kathoey zum Zeitpunkt der Musterung bereits eine weibliche Brust hat– vergrößert mittels Operation oder durch Hormone, dann wird er vom Militärarzt ausgesondert und aus der Wehrerfassung gestrichen. Noch vor wenigen Jahren erhielt der Kathoey daraufhin vom Musterungsarzt den Bescheid: ‚Untauglichkeit wegen Geisteskrankheit'.

Dieses Dokument mit der darin behaupteten Diagnose hat den Ladyboy in der Vergangenheit ein Leben lang verfolgt. So muss etwa das Wehrzeugnis vorgelegt werden, wenn man sich um eine Arbeitsstelle bewirbt.

Das „Diskriminierungs-Papier" wurde vor einigen Jahren durch die neue Gesetzgebung abgeschafft.

Auch ohne Operation und Hormoneinnahme versuchen viele Kathoey, den Wehrdienst zu umgehen. Sie müssen dann vor einem Militärpsychologen glaubhaft darlegen, dass sie sich als Frau fühlen. Im Zeugnis steht bei einem positiven Bescheid als Begründung für die Ausmusterung: ‚Mentale Probleme'.

Es soll aber auch Ladyboys geben, die gerne Soldat werden wollen. Aus ihrer Sicht konnten im Kampf um Gleichberechtigung und Emanzipation in den vergangenen Jahren ebenfalls Fortschritte erzielt werden. So hat die thailändische Regierung 2005 den Bann aufgehoben, dass Ladyboys nicht rekrutiert werden können. Auch Transsexuelle sind nun zum Wehrdienst in der Royal Thai Army und zur Berufsarmee zugelassen. Hierzu erklärte das Militär lapidar, man reagiere mit dieser Entscheidung auf gesellschaftliche Entwicklungen.

c) Gesetze gegen Diskriminierung

Größter politischer Erfolg ist das Diskriminierungsverbot aufgrund "anderer sexueller Identitäten" in der neuen thailändischen Verfassung von 2007.

2011 wurde das „3. Geschlecht" endgültig vom Verteidigungsministerium aus der Liste schwerer psychischer Krankheiten gestrichen. Wie beschrieben, kann heute offiziell im Ausweis eine Abweichung vom Geburtsgeschlecht vermerkt werden, aber nur als Zusatz-Information.

Sensationell und einmalig für ein asiatisches Land ist das Ergebnis der Abstimmung des Parlaments vom Juni 2022. Dadurch sind Ehen zwischen Männern gültig und rechtlich den „normalen" Ehen gleichgestellt. Sogar die Adoption von Kindern ist – ähnlich wie in der deutschen Rechtsprechung - für gleichgeschlechtliche Ehepaare möglich.

d) Jobsuche

Wie erwähnt, ist in Thailand der Arbeitgeber verpflichtet, sich vom Bewerber für einen Arbeitsplatz das Militärzeugnis vorlegen zu lassen. Hierdurch kam es für Kathoey immer wieder zu Problemen bei der Jobsuche, weil das Zeugnis den Vermerk „Untauglich wegen Geisteskrankheit" trug.

„Geisteskranke" hatten in der Vergangenheit - auch wenn dieser Vermerk vom Militärarzt stammte - keinen Zutritt zum öffentlichen Dienst. Selbst an der Universität führte ein solcher Eintrag im Ausmusterungs-Bescheid zur Abweisung bei der Studienplatzvergabe. Heute kann in diesen Fällen eine Ablehnung gerichtlich angefochten werden.

e) Justiz

Transgender-Gefangene sind vielerlei Gewalt ausgesetzt. Sie werden geschlagen, sexuell angegriffen, vergewaltigt, und ihnen wird der Zugang zu öffentlichen Gesundheitsdiensten verweigert, z.B. Kauf von Hormon-Tabletten. Auch heute noch werden im Rechts- und Justizsystem der meisten Länder Südostasiens die Bedürfnisse von Transgender-Personen missachtet.

Transgender-Gefangene auf der ganzen Welt leiden unter psychischen Problemen. Thailand hat noch keine Standardrichtlinien für den Umgang mit Kathoey auf den Gesetzesweg gebracht, trotz einer beträchtlich großen Anzahl von Transgendern in Gefängnissen. Dies wurde wiederholt von Amnesty International gerügt.

ILJIN: „Mein Visum war abgelaufen, also wurde ich erst einmal eingesperrt. Der Pass weist mich ja als Mann aus, und so verbrachte ich drei Wochen im Männergefängnis - zusammen mit 100 anderen Delinquenten. Dies war die schlimmste Zeit meines Lebens. Ich war als Ladyboy ein begehrtes Opfer und wurde so immer wieder missbraucht. Niemand schützte mich. Mich zu vergewaltigen war auch keine Straftat und wurde nicht geahndet, denn ich war ja keine Frau.

Mein Vater musste mich zur Entlassung abholen. Ich fühlte mich kraftlos und krank, weil ich Tag für Tag unter den Männern herumgereicht worden war.“

Kathoey und Tourismus

In den Jahren vor „Covid" wurde Thailand jährlich von 38 Millionen Touristen besucht. Tourismus ist der größte Wirtschaftsfaktor des Landes und wird daher von der Regierung gehegt und gepflegt. Dass Thailands Touristenzentren als Hochburgen des Sextourismus gelten, dieses Image scheint die Mehrzahl der verantwortlichen Politiker in Kauf zu nehmen -, zu groß ist die Abhängigkeit von den Einnahmen aus dem ‚Tourism Business'.

Heute sind auch Kathoey keine unbedeutende Randgruppe mehr, sondern - ökonomisch gesehen - durchaus ein Wirtschaftsfaktor.

Der Weg von den als scheu und introvertiert geltenden Kathoey zu ihrer heutigen Präsenz in der Öffentlichkeit war lang und beschwerlich. Der Wandel begann mit dem Siegeszug der Cabaret-Shows in den späten 60er Jahren. Durch sie gelangten Ladyboys in den Focus des nationalen und internationalen Interesses.

Die erste der sog. „Ladyboy"-Cabaret-Shows wurde 1968 in Pattaya aufgeführt und war einer der Gründe für das darauffolgende schnelle Wachstum des einstigen Seebades. Aufgrund der Popularität und des kommerziellen Erfolges als Touristen-Attraktion wurden alsbald weitere Cabarets in Bangkok, Phuket und anderen touristischen Zentren eröffnet.

In den darauffolgenden Jahrzehnten traten die Kathoey vor einem internationalen Publikum in Shows auf, die man als „Gesamt-Kunstwerke" bezeichnen kann, bestehend aus Thaitänzen, Tänzen in chinesischen, koreanischen und japanischen Kostümen, und mit Sketchen, mit denen sie sich oft selbst parodierten.

Die ursprüngliche Vorstellung vom zurückhaltenden Charakter der Kathoey war bald überholt. Dieser Imagewandel war eine direkte Folge der wachsenden Beliebtheit Thailands als Reiseziel und der Tatsache, dass das Nachtleben in Bangkok und Pattaya zu internationalem Ruf gelangte.

Somit wuchs auch das Interesse, mehr über thailändische Transgender zu erfahren.

Miss Tiffany's Universe

Miss Tiffany's Universe ist die größte Veranstaltung in Pattaya. Der Schönheitswettbewerb für thailändische Transgender findet seit 1998 jährlich im Mai statt. Dabei bewerben sich etwa 100 Kandidatinnen zwischen 20 und 25 Jahren aus ganz Thailand um eine Teilnahme an dem Festzug. Dieser ist nicht nur ein großes Spektakel in Pattaya, die Live-Übertragung im Thailändischen Fernsehen zieht auch jedes Jahr 15 Millionen Zuschauer an.

Die Gewinnerin des Wettbewerbs wird mit einer Tiara gekrönt, und erhält ein Auto sowie den Hauptpreis von 100 000 Baht (3000 EUR); darüber hinaus viele Geschenke von Sponsoren. Außerdem vertritt sie Thailand bei den Wahlen zur Miss International Queen.

Das Ziel dieser Veranstaltung ist es, die Rechte und Gleichberechtigung der Kathoey zu fördern und die Lebensqualität der Transgender in Thailand zu verbessern.

Berühmte Kathoey

Nong Toom, ehem. Kick-Boxerin

Prinya Kiatbusaba, genannt Nong Toom, ist eine ehemalige Kick-Boxerin. 2003 wurde ihr Leben in dem Spielfilm „Beautiful Boxer“ verfilmt, wodurch ihre Geschichte auch international bekannt wurde.

Nong Toom wurde mit männlichen Geschlechtsmerkmalen geboren und als Junge erzogen. Bereits im Kindesalter fühlte sie sich als Mädchen.

Ihre Lebensgeschichte begann in der ländlichen Armut im Nordenosten Thailands. Sie wuchs in einem kleinen Dorf auf, die nächste Stadt lag 200 km entfernt. Diese Umgebung war nach ihren Worten für sie schon als Kind und Jugendliche schwer ertragbar. In den Augen der Nachbarn galt sie als Außenseiterin, die „große Schande über ihre Familie bringt“, wie sie selbst erzählt.

Obwohl sie sich eigentlich nicht besonders für Kampfsport interessierte, begann sie, Kickboxen zu lernen. Mit dem Training wollte sie sich gegen ihre Mitschüler wehren, die sie oft mit Boxhieben schikanierten, weil sie eben anders war – mehr Mädchen als Junge.

Schnell erkannte Nong Toom ihre Begabung für das thailändische Kickboxen (genannt Muay Thai), und bald schon nahm sie an Wettkämpfen teil.

Im Lauf ihrer Karriere präsentierte sie sich weiterhin als Frau, trat mit längeren Haaren und weiblicher Kleidung auf. Während der Kämpfe trug sie Lippenstift, Eyeliner und Nagellack. Die Vorschrift, sich vor dem Kampf mit bloßem Oberkörper wiegen zu lassen, ignorierte sie und behielt ihr T-Shirt an.

„Jeder Sieg half mir, für meine Familie zu sorgen und brachte mich auch meinem Traum näher, eine Frau zu werden“.

Der Muay-Thai-Sport wird in Thailand stark mit Männlichkeit assoziiert. Frauen ist nicht erlaubt, ihn auf professioneller Ebene zu praktizieren. Da Nong Toom rechtlich gesehen ein Mann war, durfte sie jedoch weiterhin zu den Wettkämpfen antreten.

Mit ihrer Teilnahme an den Kickboxkämpfen zog sie große Medienaufmerksamkeit auf sich, auch außerhalb Thailands. Im Jahr 1998 errang sie die Landesmeisterschaft im renommierten Lumpini-Stadion.

Nach einer geschlechtsangleichenden Operation im Jahr 1999 gab sie ihre Kampfsportkarriere auf. 2004 eröffnete sie eine Kickbox-Schule, in der sie sowohl Jungen als auch Mädchen ausbildet. Im Jahr 2006 kehrte sie noch einmal in den Boxring zurück.

Heute ist sie als Model, Entertainerin und PR-Repräsentantin des thailändischen Sports in den Medien präsent.

Interviews
mit
Kathoey

FARA

Mein Name ist Fara, ich bin 30 Jahre alt.

Ich bin in Isaan, im Norden Thailands, zusammen mit zwei Brüdern und einer jüngeren Schwester aufgewachsen. Da meine Eltern in Bangkok arbeiteten, also fast 1000 km entfernt, wurden wir Kinder von unseren Großeltern erzogen.

Als Kleinkind war ich ein echter Junge, habe mich mit anderen Kindern im Boxkampf gemessen. An der Schule waren drei weitere Ladyboys, die sich außerhalb des Unterrichts mit Lippenstift schminkten und mit Makeup schöner machten -, dies erweckte mein Interesse.

Ich denke, dass der langjährige Kontakt mit meinen Transgender-Freunden sehr dazu beigetragen hat, dass ich am Ende zum Kathoey geworden bin. Wir waren viele Jahre lang fast täglich zusammen und haben alles miteinander geteilt. Es kann sein, dass ich heute ein „normaler" Ehemann mit Familie wäre und mich nicht zum Ladyboy entwickelt hätte, wenn ich andere Freunde gehabt hätte.

Als ich eines Tages im Alter von 14 Jahren geschminkt unsere Wohnung betrat, war die Reaktion

meiner Familie unerwartet heftig. Mein Großvater schlug mich mit dem Teppichklopfer, und von meinen Brüdern bekam ich reichlich Boxhiebe. Niemand wollte einen Ladyboy in der Familie haben.

Nie vergessen werde ich den Tag, an dem ich meinen Vater besuchte. Der hatte von meinem Schminkversuch erfahren und mich zu sich nach Bangkok bestellt. Kaum hatte ich seine Wohnung betreten, holte er den Stock heraus und prügelte so lange auf mich ein, bis ich fast bewusstlos war. Er sagte, er wolle nicht mehr mein Vater sein, ich solle sofort verschwinden. Mit großen Schmerzen fuhr ich 12 Stunden im Bus wieder zu meinem Großvater zurück.

Wir Kinder besuchten die Schule, mussten aber nebenbei im Restaurant meines Großvaters arbeiten. Ich erinnere mich, dass wir täglich gescholten wurden -, ich im Vergleich zu meinen Geschwistern jedoch mehr. Ich war eben ein Ladyboy. Im Übrigen bekamen wir fast kein Geld, wir waren Opas Arbeitssklaven.

So verließ ich mit 18 Jahren meine Familie und suchte mein Glück in Pattaya, weit weg von der Heimat. Ich arbeitete als Masseurin, was in Pattaya fast immer ein Sex-Job ist.

Mein Vater war inzwischen ganz allein (- meine Mutter war kurz zuvor verstorben -) und musste hart auf dem Feld arbeiten. Er wusste, dass ich in einem Massage-Salon gestrandet war. Zu meinem Erstaunen war er einverstanden, dass ich in dieser Branche arbeite. Aber nur unter der Bedingung, dass ich jeden Monat einen gewissen Teil meines Einkommens nach Hause schicke.

Das tat ich auch, denn mein Verdienst war beachtlich, auch wenn ich dafür manchmal Dinge tun musste, die eigentlich für mich (die ich zur Schamhaftigkeit erzogen wurde) unerträglich waren.

Heute habe ich eine normale Arbeit gefunden sowie einen Freund, der sich um mich kümmert. Daher bin ich zufrieden mit meinem Leben. Ich versuche, ein guter Mensch zu sein und niemals anderen aufgrund von Vorurteilen Unrecht zu tun.

Ich fühle mich gut und sehe mich als „Happy Ladyboy". Am glücklichsten bin ich, wenn die Leute mir nachschauen, nachdem ich mich perfekt geschminkt und gestylt habe. Wenn aber schlecht über mich geredet wird, nur weil ich ein Transgender bin, empfinde ich eine tiefe Traurigkeit.

PHOOMMIE

Mein Name ist Phoommie, ich bin 23 Jahre alt.

In den südlichen Provinzen Thailands ist der Islam stark verbreitet. Hier trifft man auch Männer, die mit mehr als einer Frau zusammenleben. Mein Vater war kein Moslem, er wuchs nahe Bangkok auf und wohnte in einem Vorort der Stadt. Er war mit meiner Mutter verheiratet, aber beanspruchte trotzdem für sich das Recht auf mehrere Frauen und setzte das auch durch.

In unserem Stadtviertel "beglückte" mein Vater gleichzeitig vier Frauen. Alle wohnten in der Nähe, teilweise in der gleichen Straße. Mein Vater schlief täglich abwechselnd bei uns und in einer der Wohnungen seiner Geliebten. Dieses respektlose Verhalten war auch für Thailand ungewöhnlich und ist in der heutigen Zeit wohl undenkbar, jedenfalls in Bangkok.

Die islamische Ideologie, die Frauen oft zu reinen Haus- und Sexsklavinnen degradiert, bestärkte meinem Vater wohl in der Ansicht, dass ein frauenverachtender Lebenswandel in Ordnung sei.

Das angenehme Leben auf Kosten anderer währte aber nicht lange. Mein Vater starb mit 27 Jahren. Die drei Nebenfrauen schenkten ihm jeweils eine Tochter. Meine leibliche Mutter durfte – als seine Hauptfrau - zwei Kinder zur Welt bringen: Meinen fünf Jahre jüngeren Bruder und mich. Nach dem

Tod ihres Mannes ließ sich meine Mutter sterilisieren, so dass die Verbindung mit ihrem zweiten Mann kinderlos blieb.

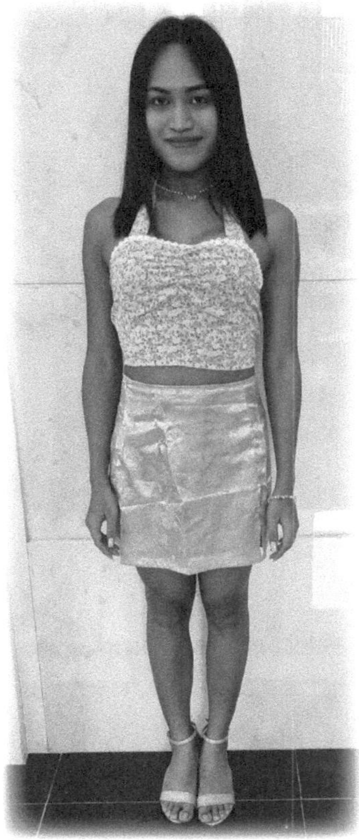

Nicht ungewöhnlich für die islamischen Südprovinzen Thailands ist es, dass alle Kinder gemeinsam in einer "Patchwork"- Familie aufwachsen und von der Hauptfrau erzogen werden. So auch bei uns in Bangkok, und das Zusammenleben funktionierte gut, fast konfliktfrei.

Wir hatten, wenn ich zurückblicke, eine sorglose Kindheit und Jugend, jedenfalls meine Geschwister/Stiefgeschwister. Der einzige Unruhestifter in der Familie, so schien es, war ich.

Ich spürte bereits im Alter von 7 Jahren, dass ich eigentlich ein Mädchen sein wollte. In der Familie stieß das auf wenig Verständnis: Meine Mutter war Halb-Chinesin, und Chinesen, so wird behauptet, empfinden generell eine Abneigung gegenüber Transgendern.

Von dem Tag an, als bei uns der neue Mann einzog, hatte ich nichts mehr zu lachen. Mein Stiefvater hasste Kathoey und war fest entschlossen, mich auf den "rechten Weg" zu führen. Er hat mich geschlagen, mit Füßen getreten, das Essen verweigert und hoffte so, dass ich mich zum Mann entwickle. Dieses Martyrium dauerte drei Jahre. Dann hatte ich die Chance, zu einer Freundin zu ziehen und dem Tyrannen zuentkommen. Später - nachdem sich mein Stiefvater eine Nebenfrau zugelegt hatte - flüchtete auch meine Mutter vor ihm.

Ich studiere Sozialwissenschaften an der renommierten Thammasat-Universität in Bangkok und hoffe, dass ich eines Tages dazu beitragen kann, das Sozialwesen in unserer Gesellschaft zu verbessern, den Menschen mehr soziale Sicherheit zu geben. Heute sind die meisten älteren Thailänder finanziell von der Unterstützung durch die Kinder abhängig, da es keine gesetzliche Altersversorgung in Thailand gibt.

Ich bin ehrgeizig, bin eine der besten Studierenden an der Uni in meinem Fach. Ich bin zufrieden mit meinem Leben und möchte ein Vorbild für andere sein, für Männer wie für Frauen.

Das Wichtigste ist Toleranz. An der Universität besteht Gleichbehandlung der Geschlechter, es gibt wenig Diskriminierung. Meine Zeugnisse und Zertifikate hole ich regelmäßig in Mädchenkleidung ab, in Rock und Bluse, obwohl ja mein Vorname männlich ist. (Ein Gesetz für Transgender zur Namensangleichung gibt es nicht).

Dass immer noch Vorurteile in unserer Gesellschaft bestehen, wurde mir schlagartig bewusst, nachdem ich die Religion gewechselt hatte. Ich war Buddhistin, schloss mich aber im Alter von 21 Jahren einer christlich-protestantischen Religionsgemeinschaft an. Im gleichen Jahr entschloss ich mich zu einer Brust-vergrößerung. Dabei wird (je nach gewünschter Größe) ein Silikonbeutel von der Achsel her oder von unten in den Brustbereich eingeschoben.

Einige Woche nach der Operation wollte ich meine Glaubensbrüder überraschen, wie weiblich ich geworden war. Dass ich mich als Kathoey fühlte, hatte ich bei meiner Aufnahme in die Kirchengemeinde nicht verheimlicht. Die Reaktion der "Brüder und Schwestern im Herrn" war schockierend für mich, da in christlichen Religionen ja viel von Toleranz geredet wird: Ich wurde aus der Kirche ausgeschlossen. Eine künstliche Brust sei "Gotteslästerung", ein frevelhafter "blasphemischer" Eingriff in Gottes Natur.

Die Aussöhnung mit meiner Mutter vor zwei Jahren war sehr emotional. Wir haben beide viel geweint, als mich meine Mutter um Verzeihung bat dafür, dass sie mich als Kind oft ungerecht behandelt hatte. Neben meinem Stiefvater hat auch meine Mutter mit vielerlei Strafen – mit „Standpauken" und körperlicher Züchtigung - versucht, mich zum Jungen zu erziehen. So war ich als Kind ständig hin- und hergerissen zwischen meinen Gefühlen und den strengen Sanktionen meiner Eltern.

Sicher sind mir aus dieser Zeit tiefe Narben geblieben, und diese Traumata werden mich auch in meinem künftigen Leben begleiten. Und doch –, meine Mutter wohnt nun mit mir zusammen und ist meine beste Freundin.

ROSE (1)

Mein Name ist Rose. Ich bin 28 Jahre alt. Ich lebe in Thailand, meine Eltern sind aus China und Kambodscha.

Meine Familiengeschichte ist ungewöhnlich. Ich hadere heute mit meinem Schicksal, weil meine Kindheit chaotisch war, und mein bisheriges Leben mühsam und unglücklich.

Meinen Vater habe ich nicht gekannt, meine Mutter ist bereits verstorben. Meine beiden Schwestern, die jetzt 21 und 22 Jahre alt sind, wurden an Pflegefamilien gegeben.

Als meine Großeltern aus Kambodscha wegzogen, um in Thailand ihr Glück zu suchen, gab ihnen meine Mutter alle ihre Ersparnisse und bat sie inständig, mich mit nach Thailand zu nehmen. „Wenn das Kind gut ist, kann es mitkommen", meinte mein Großvater.

Ich habe als Kind viel geweint, da ich mich allein gelassen fühlte, mit zwei alten Menschen. Mir fehlte die Familie, die in alle Winde zerstreut war und weit weg wohnte.

Es waren Mädchen aus der Nachbarschaft, die mich trösteten, wenn ich traurig war, und sie wurden bald meine besten Freundinnen. Es dauerte nicht lange, da war ich ein Mädchen wie sie: Wir schminkten uns gegenseitig, probierten Kleider aus und hatten viel Spaß dabei. In dieser Umgebung stellte sich für mich gar nicht die Frage, welchem Geschlecht ich angehöre. In keiner Minute meines Lebens hatte ich Zweifel, nie fühlte ich mich als Junge.

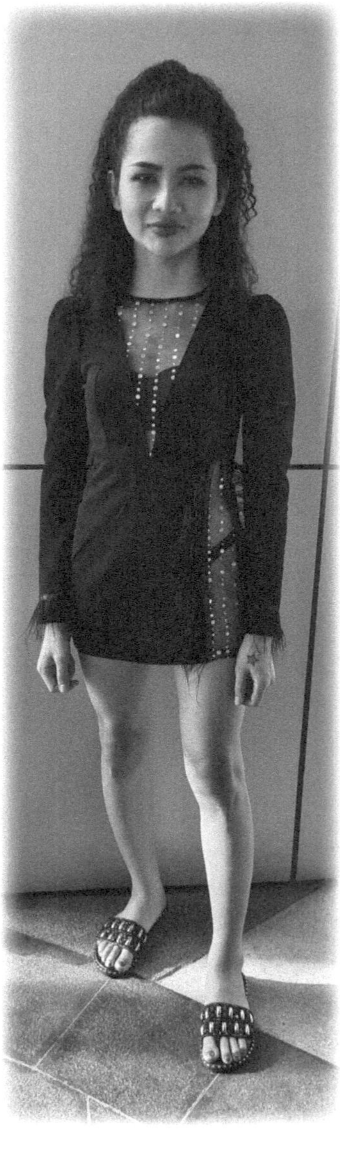

In Thailand ging ich sieben Jahre zur Schule, der Unterricht fiel jedoch oft aus. Ich aber war sehr ehrgeizig und lernte selbständig aus Büchern: Englisch, Chinesisch und Koreanisch.

Dass ich an der Schule von den Jungen gemobbt wurde, heimliche Boxhiebe einstecken musste, versteht sich von selbst. Ladyboys sind immer ein gutes Ziel von Aggressionen, man kann sie ungestraft drangsalieren. So wurden mir einmal vor der versammelten Klasse die Haare abgeschnitten, und auch der Lehrer hatte Freude an dieser Demütigung.

Mit 17 habe ich mich von meinen Großeltern verabschiedet und ging nach Pattaya. Dort arbeitete ich fünf Jahre in einer Fabrik, habe elektronische Teile kontrolliert. Um mehr zu verdienen, lernte ich Massage -, ein Beruf, der sich in Pattaya besonderer Beliebtheit erfreut. Dabei ist die Grenze zwischen Gesundheits- und Sex-Massage fliesend. Jede Masseurin muss für sich entscheiden, wie weit sie dem Kunden entgegenkommt.

Ich habe bei meiner Arbeit einen schwedischen Mann kennengelernt, mit dem ich ein Jahr zusammenlebte und den ich sehr liebte. Ich glaube, wir waren glücklich, aber er wurde von seiner Firma nach Stockholm zurückberufen.

Leider sehe ich meine Zukunft nicht rosig. Ich kann gut tanzen und wäre gerne Tänzerin geworden. Mehrfach durfte ich bei touristischen Veranstaltungen auftreten. Aber es fehlt mir die Ausbildung und Perfektion, die man braucht, um nicht nur Urlaubsgäste zu erfreuen, sondern um auch auf der Bühne erfolgreich zu sein.

Dass ich Ladyboy bin, dazu stehe ich, ich hatte niemals Selbstzweifel. Wir Transgender sind als „3. Geschlecht" in der Mitte zwischen Mann und Frau. In meinem Weltbild ist das eine völlig normale Variante der Mutter Natur.

Trotzdem bin ich oft tieftraurig und breche spontan in Tränen aus. Dieses Gefühl kenne ich schon seit meiner Kindheit. Es sind Depressionen, es ist ein tiefer „Weltschmerz". Ich bin untröstlich darüber, dass ich in einer ausweglosen Situation zwischen Armut und „No-Future" feststecke und sich daran auch für den Rest meines Lebens kaum etwas ändern wird.

Thailand ist zwar ein schönes Land mit sanftmütigen, großherzigen Menschen, doch hier zu leben und zu überleben ist nicht einfach.

SASA

Mein Name ist Sasa.

Ich glaube, dass ich mit meinen 25 Jahren schon mehr schlimme Dinge erlebt habe, als manch einer in seinem ganzen Leben. Rückblickend erscheint mir meine Vergangenheit chaotisch, voller Enttäuschungen und Fehlentscheidungen.

Meine Webseite beginnt mit dem Hilferuf:

"I am tired of life. Why does my life have to be like this?"

Tatsächlich stehe ich heute vor einem großen Chaos. Aber ich hoffe, dass mir trotzdem noch eine Chance bleibt, meine Zukunft zu gestalten und mit Selbstdisziplin meinem Leben eine Wende zu geben.

Vor kurzem habe ich endlich Arbeit gefunden. Derzeit besuche ich neben meinem Job eine Sonntagsschule, damit ich künftig bessere Berufschancen habe.

Was hinter mir liegt, ist der pure Horror: 7 Jahre Rotlicht-Erfahrung in Bangkok, 2 Jahre "Sex-Sklave" in Oman.

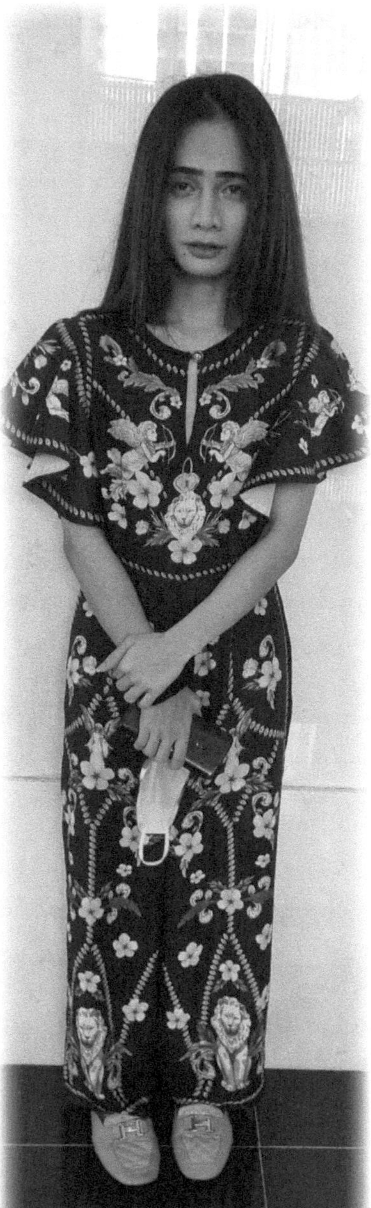

Ich bin in einer Familie mit vier Kindern aufgewachsen: 2 Jungen, 2 Mädchen. Mein Vater lief weg, als meine Mutter das erste Mal schwanger war. So wurde ich von einem Stiefvater erzogen.

Als kleiner Junge hat es mir Spaß gemacht, mit dem Spielzeug meiner Schwestern zu spielen, mit Puppen und Schminkfarben. Anfangs wurde ich von meiner Mutter geschlagen, wenn sie mich dabei ertappte. Als ich 13 Jahre alt war, hat sie jedoch akzeptiert, dass sie meine Entwicklung zum Kathoey nicht verhindern konnte.

Ich war erst 15 Jahre alt, als ich es zuhause nicht mehr aushielt. Ich zog aus, um endlich Geld zu verdienen, und mein Weg führte mich geradewegs zur Nana Street, dem Rotlicht-Bezirk Bangkoks. Als Teenager wird man leicht Opfer von Männern, die unerfahrene Jungen finanziell und sexuell ausbeuten. Ich lernte also die ganze Palette menschlicher Niedertracht kennen, von Erpressung bis zur Vergewaltigung.

Wie ich die 7 Jahre im Sex-Business von Bangkok durchgestanden habe, ist mir rückblickend selbst ein

Rätsel. Diese Zeit wurde nur unterbrochen durch einen Gefängnisaufenthalt in Bangkok sowie zwei Jahre als "Sexsklave" in Oman.

Im Gefängnis bin ich gelandet, weil ich mich zu spät zum Militärdienst gemeldet hatte, der in Thailand zwei Jahre dauert. Als Kathoey hoffte ich, vom Wehrdienst befreit zu werden, hatte aber aus Feigheit alle Vorladungen und Termine ignoriert. Nach einer zweiwöchigen Gefängnisstrafe wurde ich zum Glück als untauglich eingestuft. Ich durfte aber das Gefängnis nur verlassen, nachdem meine Mutter die Geldstrafe von 20 000 Baht (ca. 550 EUR) bezahlt hatte. Hierfür nahm sie bei der Bank einen Kredit auf, den ich innerhalb von zwei Jahren in Raten zurückzahlen muss.

Oman ist das „Traumziel" vieler Frauen und Kathoey, die in der Sexbranche arbeiten. Thailänder können ohne Visum einreisen, werden aber dort meist schamlos ausgebeutet. Einerseits von den Schleppern, die die Kosten für Flug und Aufenthalt vorfinanzieren und dann in doppelter Höhe zurückfordern. Ihnen ist man schutzlos ausgeliefert.

Auf der anderen Seite wird man bedrängt von teilweise gewalttätigen und perversen Kunden, die ihre Sexualfantasien insbesondere an jungen Ladyboys extensiv ausleben.

Über diese Zeit will ich nicht nachdenken, nicht sprechen. Es war ein Alptraum! Und am Ende bin ich ohne Geld nach Thailand zurückgekehrt. Die Schlepper erfinden immer neue Lügen, um ihre thailändischen "Schützlinge" hinzuhalten und am Ende mittellos nach Hause zu schicken. Nach Oman arbeitete ich bis vor kurzem in Bangkok in der Sexbranche weiter. Ohne Ausbildung habe ich als Kathoey lange Zeit keine Arbeit gefunden. Ich wohne in Untermiete bei einem Freund und versuche nunmehr, mein Leben zu ordnen. Endlich habe ich eine Arbeitsstelle und studiere, wie erwähnt, immer sonntags Buchführung und Kalkulation, um später in einem höher qualifizierten Beruf mehr zu verdienen.

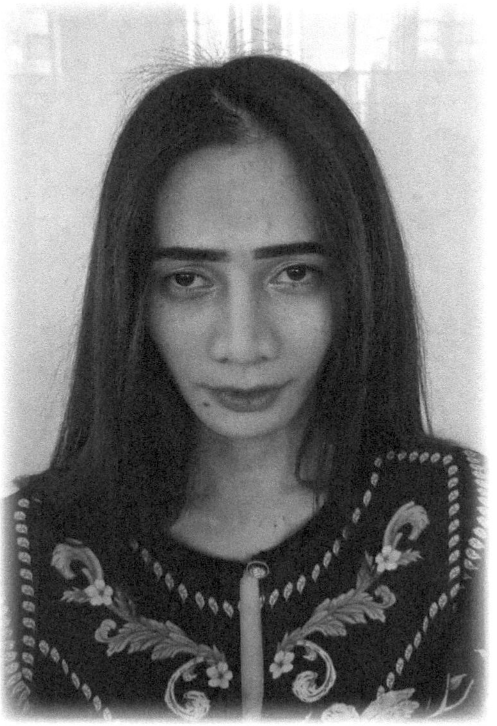

Mein größter Wunsch ist eine Brustoperation. Diese kostet ca. 1300 EUR. Viele Kathoey lassen sich die Brust vergrößern, nachdem sie jahrelang Geld zusammengespart haben. Ich habe jedoch viele Jahre meines Lebens verloren, und so stehe ich jetzt immer noch am Anfang.

Mit ganzer Kraft will ich nun nach vorne blicken. Und eins steht fest: In Thailands oder gar Omans schmutziges Sex-Gewerbe werde ich auf keinen Fall zurückkehren.

APIE

Mein Name ist Apie, ich bin 23 Jahre alt.

Ich habe zwei ältere Schwestern. Mein Vater starb, als ich ein Jahr alt war. Er war hoher Offizier bei der thailändischen Armee. Wir wurden von unserer Mutter erzogen.

Für mich stand von frühester Kindheit an fest: Ich bin ein Mädchen, so wie meine Schwestern. In unserer Wohnung lebten, wenn ich zurückdenke, immer nur vier Frauen.

Mein Zuhause war in Lat Kra-bang, einem Vorort von Bangkok. Obwohl die Bewohner dort überwiegend buddhistisch sind, sandte mich meine Mutter auf eine Muslim-Schule. Dort mussten wir arabisch lernen, und es wurde uns eingetrichtert, dass Frauen sich nicht öffentlich zeigen dürfen. Da ich mich als Mädchen fühlte, verließ auch ich das Haus nur, wenn ich zur Schule ging. Sobald ein Mann unsere Wohnung betrat, versteckten wir uns. Auch ich.

An der Muslim-Schule, die nur von Jungen besucht wurde, fühlte ich mich die ganze Zeit über unglücklich. Im Islam wird, soviel ich weiß, Homosexualität streng bestraft, und es ist auch ein Verbrechen, wenn man als Transgender seine Männlichkeit verleugnet.

An der Schule mussten wir Uniformen tragen. Es gab eine Uniform für jeden Tag, und eine zweite für festliche Anlässe. Ich hatte mich jahrelang einer strengen Selbst-Disziplin unterworfen und befolgte alle Vorschriften. Niemand sollte erfahren, dass ich mich insgeheim als Mädchen fühlte.

Doch dieses Versteckspiel wurde für mich Jahr für Jahr unerträglicher. So beschloss ich, mich an meinem 16. Geburtstag zu outen und mit dem Kleid meiner Schwester zum Unterricht zu erscheinen. An diesem und an den nachfolgenden Tagen nahm ich allen Mut zusammen und kam mit Kleid und BH in die Schule.

Einige Tage später wurde ich dafür hart bestraft: Alle Mitglieder der Schule mussten im Hof erscheinen. Es wurde die grüne Fahne des Islam hochgezogen. Dann zwang mich der Direktor vor den versammelten Schülern, den Büstenhalter auszuziehen. Und ich musste mich vor der gesamten Schule entschuldigen, vor 300 Jungen und jungen Männern...

Eine Unterstützung vonseiten meiner Mutter konnte ich nicht erwarten. Sie hatte zwar immer verstanden und toleriert, dass wir sozusagen in einem "Frauenhaus" lebten. Sie war der Meinung, dass durch das Zusammenleben ausschließlich weiblicher Familienmitglieder aus mir ein Kathoey geworden war. Ihr fehlte aber das Verständnis dafür, dass ich mich, sobald ich erwachsen war, öffentlich als Frau zeigen wollte. Sie empfand dies als eine große Schande, die ich über die Familie gebracht hatte.

Am Tag meiner Demütigung vor allen Mitschülern verließ ich nicht nur die Schule, sondern zog auch von zuhause aus. Eine Freundin bot mir an, vor-übergehend bei ihr in Bangkok zu wohnen. Zwei Jahre arbeitete ich in einer Bar und konnte so etwas Geld zurücklegen. Danach schrieb ich mich wieder an einer Schule ein – diesmal an einer buddhistischen -, um das Abitur nachzuholen.

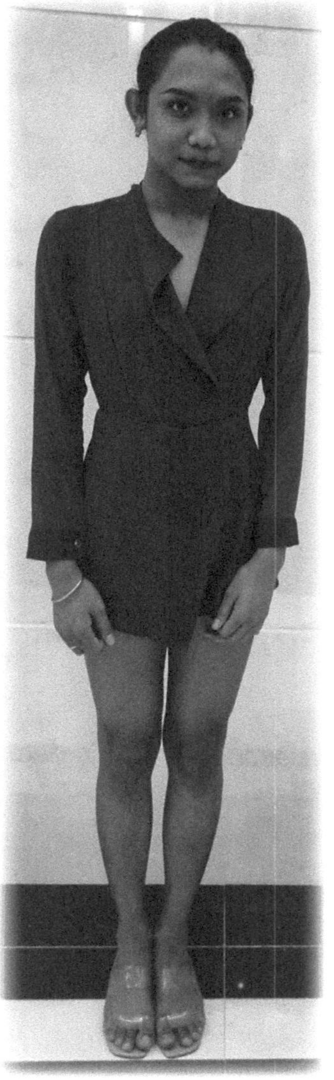

Mit meiner Familie konnte ich mich nur dadurch versöhnen, dass ich ihnen monatlich Geld schickte, auch wenn es im Rotlichtmilieu verdient war. Diese Doppelmoral wird von vielen akzeptiert, meist notgedrungen. Denn in Thailand ist die junge Generation verpflichtet, die Eltern im Alter finanziell zu unterstützen; Kinder sind oft deren einzige Altersversorgung.

Die beiden Jahre zwischen meinem 16. und 18. Lebensjahr waren die schlimmsten meines Lebens. Ich fiel in eine tiefe Depression. Geschwächt durch eine Hormonbehandlung, sah ich keinen anderen Ausweg, als mich umzubringen. Ein Mix aus einer vollen Flasche des Reinigungsmittels ‚WC-Ente' und 200 Tabletten Paracetamol sollten mir den sicheren Tod bringen. Tatsächlich sah ich nach Einnahme dieser Mixtur bereits den Himmel in bunten Farben leuchten und hörte sphärische Klänge. Fast blind und Blut spuckend wachte ich in der Klinik auf. Ich war ins Leben zurückgeholt worden und konnte das Krankenhaus nach drei Tagen wieder verlassen.

Heute bin ich in psychotherapeutischer Behandlung, aber in stabiler Verfassung. Ich verfolge konsequent mein Ziel, später in einem verantwortungsvollen Beruf zu arbeiten. Ich studiere an der Uni Bangkok Marketing und Wirtschaft und werde im kommenden Jahr das Studium abschließen.

Beruflich sehe ich eine gute Zukunft vor mir. Aber ich habe Angst, dass ich als Transgender lebenslänglich allein sein werde. Denn leider gibt es für uns Kathoey nicht genügend Männer, die tolerant sind und bereit, mit einem Ladyboy zusammenzuleben, ihn vielleicht zu heiraten.

Wir Transgender sind an dieser Situation nicht unschuldig. Die meisten Kathoey sind der Meinung, dass sie von thailändischen Männern nicht genügend respektiert werden und lehnen daher einen einheimischen Partner ab.

Fast alle Ladyboys träumen von einem "Farang", wie Europäer, Nordamerikaner oder Australier in Thailand heißen. Sie wollen nicht wahrhaben, dass die meisten Touristen, die Kontakt zu Ladyboys suchen, darin ein sexuelles Experiment und Abenteuer sehen.

Im Gegensatz zur vorherrschenden Meinung unter den Kathoey kommen nur wenige ausländische Männer nach Thailand, weil sie ernsthaft auf Partnersuche sind und bereit für eine dauerhafte Beziehung. Ehen zwischen Farang und Kathoey haben Seltenheitswert und zerbrechen meistens nach kurzer Zeit. Erwartungen und Wünsche liegen oft weit auseinander. Ein Problem sind auch die Mentalitäts- und kulturellen Unterschiede zwischen Farang und Kathoey.

JELE

Mein Name ist Jele, mein Alter 28 Jahre.

Ich bin in Isaan, im ländlichen Norden Thailands, aufgewachsen. Ich habe zwei ältere Geschwister, Bruder und Schwester.

Als Kind und Jugendlicher habe ich zu verbergen versucht, dass ich eigentlich ein Mädchen sein wollte und kein Junge. Ich pflegte Freundschaften mit allen, mit Jungen und Mädchen, spielte gerne Fußball und sang mit meinen Freundinnen Lieder. Obwohl meine Eltern gebildet und tolerant waren, sollte man in einer dörflichen Gegend nicht offen über das Thema „Transgender" sprechen. Die Menschen in Isaan sind konservativ und gläubige Buddhisten.

Erst mit 18, kurz vor Abschluss der High School, fing ich an, die Haare wachsen zu lassen und mich zu schminken. Erstmal zeigte ich mich auch in Frauenkleidung auf der Straße.

An der Universität in Bangkok hatte ich als Kathoey keine Nachteile zu befürchten.

Aber Tatsache ist, dass in Thailand der Leistungsdruck für Kathoey erheblich höher ist als für „normale" Studenten. Weit verbreitete Vorurteile und mangelnde gesellschaftliche Akzeptanz muss ein Ladyboy durch gute Noten ausgleichen. Später im Berufsleben sollte er durch bessere Leistungen auffallen, um akzeptiert und geachtet zu werden. Kathoey müssen Tag für

Tag ihren Platz in der Gesellschaft erkämpfen oder verteidigen.

Seit einigen Jahren scheinen die Menschen etwas offener zu sein, zumindest in den größeren Städten. Während man bisher als Transgender nur im Tempel symbolisch heiraten konnte, sollen ab 2022 diese Ehen vom Staat anerkannt werden und nahezu gleichgestellt sein mit Mann/Frau-Ehen.

An meinen Liebesbeziehungen mit einem französischen Mann und später mit einem Russen, der mich zwei Jahre regelmäßig unterstützt hat, hätte das neue Gesetz ohnehin nichts geändert. Diese Freundschaften sind allein daran zerbrochen, dass ich Kathoey bin. Beide Männer machten eine Fortsetzung unserer Beziehung und spätere Heirat davon abhängig, dass ich mich einer Total-Operation unterziehe. Aus der Sicht meiner Liebhaber durchaus nachvollziehbar, denn beide wünschten sich eine „komplette" Frau.

Zu einer Brust-Implantation wäre ich bereit gewesen, einer kompletten Geschlechts-Umwandlung konnte und wollte ich nicht zustimmen.

Mit dem Status „3. Geschlecht“ kann ich gut leben. Ich identifiziere mich mit der biologischen „Sonderstellung“ eines Kathoey. Aber ich weiß, dass sich dadurch die Suche nach einem Lebensgefährten um ein Vielfaches schwieriger gestaltet.

Ich habe vier Jahre an der Universität in Bangkok Management studiert. Da meine Eltern zu arm waren, um mich zu unterstützen, musste ich mir in dieser Zeit den Unterhalt selbst verdienen. Einzige Möglichkeit in Bangkok: Ein Job in einer Bar, wobei man sich als Ladyboy oft auf Gäste einlassen muss, mit denen man normalerweise nicht sprechen, geschweige denn sie anfassen würde. Wenn man klug und gebildet ist, findet man meist einen Weg aus diesem Dilemma. Auch hier, in Bangkoks Nachtleben, haben es Kathoey schwerer als andere.

Aufgrund meines Universitätsstudiums hoffe ich, demnächst in einer höheren Position doppelt so viel zu verdienen wie ein Angestellter ohne abgeschlossene Uni-Ausbildung. Wenn ich entsprechend gute berufliche Leistungen erbringe, könnte mein Gehalt bis 30 000 Baht (ca. 750 EUR) pro Monat betragen.

Mein Traum aber ist, eines Tages in meiner Heimatstadt einen Kosmetiksalon zu eröffnen.

CHERRY (1)

Mein Name ist Cherry, mein Alter 30 Jahre. Ich bin in Bangkok aufgewachsen und habe zwei Brüder (4 Jahre älter und 2 Jahre jünger als ich).

Wenn ich auf meine Kindheit zurückblicke, so habe ich immer das Bild vor Augen, wie meine Brüder draußen Fußball spielen, während ich zuhause sitze, mit einer Barbie auf dem Schoß. Immer haben mich Mädchen aus der Nachbarschaft besucht und brachten ihre Puppen mit, denn ich besaß natürlich als Junge kein Mädchenspielzeug. Springseil, Kaufladen und Rollenspiele, An- und Auskleiden der Barbies -, diese Spiele machten mich glücklich. Obwohl mir das Tragen eines Rockes und Schminken streng verboten war, probierte ich doch alles heimlich mit meinen Freundinnen aus.

Bei den Nachbarn, insbesondere in der Schule, blieb nicht unbemerkt, dass ich kein „normaler“ Junge war, obwohl ich immer versucht habe, dies zu verbergen. Sobald wir unsere Schmink-Spiele beendet hatten, haben wir gewissenhaft alle Spuren beseitigt. Ich trug wie alle Kinder bis zum 15. Lebensjahr die (männliche) Schuluniform und hatte kurz geschnittene Haare.

Auf dem Schulhof stand ich fast immer mit Freundinnen tuschelnd zusammen. Wenn ich von den Jungen verspottet wurde, lief ich zu meiner Mädchengruppe und bat sie um Beistand. Als mit der Zeit der Leidensdruck zu groß wurde, weigerte ich mich, zur Schule zu gehen. Ohne Erfolg, denn in Thailand besteht Schulpflicht.

Im Grunde genommen wurde ich von meiner Großmutter erzogen, denn meine Eltern arbeiteten den ganzen Tag über als Busfahrer. 10 Jahre lang, bis die Linie eingestellt wurde. So war ich bereits 15 Jahre alt, als meine Mutter bemerkte, dass ich mich zum Transgender entwickelt hatte. Zu meiner Überraschung hatte sie nichts dagegen (wohl, weil nach zwei Söhnen ein Mädchen gut in die Familie passte). Sie bat mich aber, dies gegenüber dem Vater zu verheimlichen.

Kathoey sind immer auf der Suche nach einem - männlichen - Freund. Einsamkeit scheint für uns ein besonderes Problem zu sein, das schwerer zu ertragen ist als für „normale" Menschen. Im Alter von 15 Jahren hatte ich einen Freund gefunden – einen 12 Jahre älteren Thailänder -, und fing an, ihn grenzenlos zu lieben.

Nüchtern war er ein sympathischer Mensch mit guten Manieren. Doch er betrank sich jeden Tag, und sein Charakter änderte sich mit jedem Tropfen Alkohol. Ohne Übertreibung -, bis zu meinem 20. Lebensjahr wurde ich fast täglich geschlagen, teilweise mit dem Stock. Ich habe dieses Martyrium trotzdem viereinhalb Jahre lang ertragen. Im Übrigen hatte mein Freund die ganze Zeit über nicht gearbeitet, so dass ich ihn trotz meines geringen Einkommens unterstützen musste.

Ich bin schüchtern und habe ein geringes Selbstbewusstsein. Immer war da auch die Angst, allein zu bleiben. So hatte ich nicht die Kraft, mich von dem Mann zu trennen. Als ich Ende 20 war, fand ich eine neue Arbeitsstelle im Büro eines Busunternehmens. Ich nahm alle Kraft zusammen und beendete das Verhältnis. Dies bestärkte mich, ab sofort mich auch in der Öffentlichkeit als Frau zu zeigen. Aufgrund einer Hormonbehandlung hatte mein Körper weibliche Formen entwickelt; ab nun versteckte ich meine Brust nicht mehr hinter weiten Blusen.

Wahr ist, dass ich trotz allem heute sehr unglücklich bin. Ich lebe allein, da ich bisher keinen Mann gefunden habe, der mich wertschätzt und mein Lebenspartner sein könnte. Die meisten Männern scheinen Ladyboys ohnehin als Menschen zweiter Klasse zu betrachten. Einmal war ich für 6 Monate mit einem Spanier liiert, der mich jedoch fast täglich betrogen hat, während ich zur Arbeit ging.

So verbringe ich heute meine Freizeit meist im Haus meiner Familie. Mein Vater ist inzwischen gestorben. Was mir besonders leid tut: In unserer konservativen Wohngegend hat das Ansehen meiner Mutter und meiner Geschwister bei den Nachbarn und Freunden stark gelitten. Jeder weiß, dass ein Kathoey in der Familie lebt -, dies ist manchmal auch heute noch ein Stigma.

Ich werde weiterhin ein Ladyboy bleiben und stehe dazu. Eine Geschlechtsumwandlung ist für mich keine Option. Ich gehöre dem 3. Geschlecht an und fühle mich als solcher wie eine Frau. Hoffentlich finde ich eines Tages den Mann fürs Leben. Ich weiß, wie schwierig dies ist, meine Lektion mit dem alkoholkranken Partner habe ich gelernt.

BELLA

Mein Name ist Bella. Ich bin 24 Jahre alt und einziges Kind meiner Eltern.

Geboren wurde ich nahe Bangkok. In meiner Familie lebten drei Generationen zusammen, und zwar ausschließlich Frauen: Meine Mutter, Großmutter, Tante und ich. Ich wollte, soweit ich zurückdenken kann, immer schon ein Mädchen und eine Frau sein. Mein Gesicht war so hübsch und mädchenhaft, dass mich niemand für einen Jungen hielt. Daher betrachtete mich meine ganze Familie von Anfang an als Mädchen, und ich wurde von allen sehr geliebt und verwöhnt. Die Frauen um mich herum erfüllten mir jeden Wunsch, von Puppen bis zu Stofftieren. Jungenspielzeug war nicht dabei...

Ohne meine Familie zu fragen, meldete ich mich mit 13 Jahren bei der Tanzgruppe meiner Schule an. Wir studierten Thaitänze ein, ich war der einzige Junge. Schnell entdeckte ich meine Leidenschaft für Tanz. Später wurde die Show vor der ganzen Schule aufgeführt, und meine Familie war sehr stolz auf mich.

In Bezug auf den Tanzunterricht hatte ich eine Sondererlaubnis von der Schule, dass ich für die Vorstellung die Haare wachsen lassen durfte. Doch am Morgen nach der Aufführung rief mich meine Tante zu sich und rasierte meinen Kopf mit dem Elektrorasierer völlig glatt. Ich schämte mich sehr, doch in der Schule musste ich wieder ganz Junge sein.

Im Alter von 17 Jahren hatte ich großes Glück -, ich fand einen lukrativen Job. Im Rahmen einer Werbeaktion wurde mir eine kosmetische Nasenkorrektur angeboten, kostenlos. Wir Thailänder wünschen uns ja „europäische“ Nasen, schmal und lang, und wer es sich leisten kann, geht zum Chirurgen.

Nachdem meine Nasenoperation gut verlaufen war, durfte ich als Promoterin arbeiten und Kunden für Schönheit-Operationen anwerben: Nicht nur für die Nase, sondern auch für andere Körperbereiche. Ich war sehr erfolgreich und erhielt eine Kommission von 10% auf die OP-Kosten. So konnte ich 6 Jahre lang gut davon leben -, als Beauty-Consultant.

In diesen Jahren hatte ich neben meiner Werbetätigkeit Zeit genug, um die Universität zu besuchen. Ich studierte Französisch und Psychologie. Später würde ich gerne Kinder psychologisch betreuen, wenn es sich mit meinen Aktivitäten vereinbaren lässt.

Heute kann ich mich zurecht als erfolgreiche Kathoey bezeichnen. Denn durch Facebook und Instagram habe ich inzwischen eine große Fan-Gemeinde gewonnen und werde oft zu Promotion-Veranstaltungen eingeladen.

Ich denke, es war die beste Entscheidung in meinem Leben, meinem Gefühl zu folgen und schon im Kindesalter das Geschlecht zu wechseln.

MEJI

Ich heiße Meji, bin 26 Jahre alt.

Ich bin in Nordthailand bei meinen Großeltern aufgewachsen. Meine Eltern hatten sich scheiden lassen, und meine Mutter ist danach mit einem anderen Mann in den Süden des Landes gezogen, weit weg. So war ich allein bei zwei alten Menschen, die gar nicht erst versucht haben, mich zu erziehen.

Als ich mich bereits mit fünf Jahren als Mädchen fühlte und dies meiner Großmutter sagte, kaufte sie mir eine Puppe und einen Kosmetik-Spielladen. Meine Freunde und Spielkameraden waren ausschließlich Mädchen, die mich von Anfang an als – weibliche - Freundin akzeptierten und in ihrer Mitte aufnahmen.

Mit 15 Jahren zog ich nach Bangkok und fand dort Arbeit. Ich nähte ein Jahr lang Hochzeitskleider. Hier lern- te ich auch meine große Liebe kennen, einen 40jährigen Mann, mit dem ich 5 Jahre zusammenlebte. Ich war glücklich mit ihm, doch er verließ mich, da er sich in eine - echte - Frau verliebt hatte.

Was folgte, war mein erster Selbstmordversuch 2020. Eigentlich war es „nur" Selbstverstümmelung, ein Hilferuf. Später folgten weitere Versuche, mich umzubringen. Meine Unterarme sind voller Narben durch die vielen Schnittwunden, die ich mir zugefügt habe. Jede Narbe ist ein verzweifelter Ausdruck, um meinen Mitmenschen zu signalisieren, wie schlecht es mir geht und dass ich Hilfe brauche.

Tatsächlich ist meine jetzige Lebenssituation nicht wirklich lebenswert. Seit 8 Jahren arbeite ich als „Freischaffende" in Bangkoks Rotlichtbezirk und fühle mich oft der Verzweiflung nahe. Meine Großeltern sind inzwischen tot, so dass ich auch nicht nach Nordthailand zurückkehren kann. Als ich zur Beerdigung in meine alte Heimatstadt kam, waren wir nur zu zweit am Sarg meiner Großmutter: Meine Tante und ich.

Ich wohnte in diesen Tagen in der Wohnung meiner Tante -, es war deprimierend. Damals war auch gerade der Höhepunkt der Covid-Epidemie. So unternahm ich in meiner Verzweiflung wiederum einen Selbstmordversuch, indem ich meine Unterarme mit einem Küchenmesser traktierte. Ich wurde gerettet und verbrachte fünf Tage in der Klinik.

Ich habe derzeit einen Job als Näherin in einer Kleiderfabrik in Bangkok. Mehr als 200 bis 250 Dollar monatlich kann man mit dieser Arbeit nicht verdienen, das reicht kaum zum Leben.

Zurück nach Nordthailand? Außer meine Tante habe ich dort keine Verwandten mehr. Hinzu kommt, dass in der Provinz Ladyboys auch heute noch auf Ablehnung stoßen. Im Gegensatz zu Bangkok findet man in Nordthailand als Transgender schwer eine Festanstellung. Die Vorurteile gegen Kathoey sind groß, dort wird man als Ladyboy leicht zum Außenseiter.

Meine Zukunft in Bangkok? Ich träume von einem Kosmetikstudio, von Make-Up-Kreationen für meine Kunden. Aber es ist wohl schwierig, in dieser Branche ohne Startkapital einen Salon zu eröffnen.

Zurück zur Sexbranche, in der ich so viele Jahre gelitten habe?

Als Ladyboy ist man oft mit schwierigen Kunden konfrontiert, deren sexuelle Wünsche auch ich nach 8 Jahren Branchenerfahrung immer noch als „pervers“ empfinde. Diese Arbeit würde mich in den nächsten Selbstmordversuch treiben.

Mein Problem ist nicht nur, dass ich keine ordentliche Berufsausbildung habe und daher schwerlich einen Job finde. Das große Hindernis ist, dass ich dem „3. Geschlecht“ angehöre, und Arbeitgeber fast immer einen Mann oder eine Frau bevorzugen. Thailand ist nach meiner Erfahrung kein offenes Land, jedenfalls nicht so tolerant, wie es vielen erscheint.

Was bleibt, ist die Hoffnung auf eine bessere Zukunft, der Wunsch nach einem liebevollen Partner. Ich weiß, dass ich als Transgender einen besonders schwierigen Kampf führe: Nicht nur gegen die Vorurteile der andern, sondern auch gegen meine eigenen Zweifel und Ängste.

Immer wieder stelle ich mir die Frage; „Wer bin ich?“

NAMCHA

Ich heiße Namcha, bin 19 Jahre jung. Ich habe keine Geschwister, wuchs allein mit meiner Mutter auf.

Trotz meines jugendlichen Alters ist mir im Leben bereits viel Schlimmes widerfahren. Richtiges Glück hatte ich eigentlich nur einmal -, vor zwei Jahren. Ich war verzweifelt und fest entschlossen, mir das Leben zu nehmen. In einer Kurzschlussreaktion lief ich aufs offene Meer hinaus, obwohl ich nicht schwimmen konnte. Ein Polizist hat mich in letzter Minute gerettet.

Ich wünsche mir ein einfaches Leben als Frau an der Seite eines Menschen, der mich liebt. Es sollte ein „Farang“ sein, also ein Ausländer, weil nach meiner Meinung nur Europäer oder Australier einen Kathoey als Ehepartner achten und gut behandeln. Mein größter Wunsch ist es, Mutter eines Adoptivkindes zu sein. Ob sich der Traum jemals erfüllen wird, daran habe ich Zweifel. Denn wenn ich zurückblicke, stelle ich fest, dass mein Leben immer voller Frust war, erfüllt von Chaos und unlösbaren Problemen

Ich wuchs im Nordwesten von Thailand auf, nahe der Grenze zu Myanmar. Schon im Alter von 6 oder 7 Jahren entdeckte ich, dass ich lieber ein Mädchen wäre, anstatt ein Junge. Ich war täglich mit Freundinnen zusammen, und wir hatten die gleichen Vorlieben: Puppenspiele, Schminken, Kleider anprobieren...

Meine Mutter hatte bald nach der Hochzeit ihren Mann aus dem Haus geworfen, nachdem er sie mehrfach geschlagen hatte. Das machte für mich das ganze etwas einfacher: Ich musste später nur meine Mama davon überzeugen, dass ich keine Lust auf ein Leben als Mann habe; dass ich nicht bereit bin, mit Jungen Fußball zu spielen und Freundschaften zu schließen.

Während meine Mutter von Anfang an dafür Verständnis zeigte, war dieses Verhalten natürlich für meine (männlichen) Klassenkameraden eine Provokation. In meiner Erinnerung an diese Zeit sehe ich mich von Kindern umringt, die mich hänseln, mir heimlich Boxhiebe verpassen und mich immerzu schlecht behandeln. Besonders im 6. Schuljahr habe ich sehr darunter gelitten.

Leider habe ich über diese Probleme nur mit meinen Freundinnen gesprochen, nie mit meiner Mutter. Das war ein Fehler, denn sie war eine kluge Frau und stand mir immer zur Seite.

Das Leben wurde erträglicher, als ich aufs Gymnasium kam, und wir dort eine Gruppe von 6 oder 7 Kathoey waren. Trotzdem dauerte es nicht lange, da hatte ich die Schule gründlich satt und meldete mich in der 11. Klasse einfach ab, ohne meine Mutter zu fragen. Auslöser dieser Kurzschlussreaktion war, dass mein Freund, der mich täglich mit dem Moped zur Schule gebracht hatte, sich von mir trennte.

In dieser elenden Verfassung - verzweifelt, dass mein Freund weggelaufen war - beschloss ich, mit meinem bisherigen Leben ganz zu brechen und meine Heimatstadt zu verlassen. Ich zog zu meiner Cousine nach Pattaya, die dort an einer Militärbasis arbeitete.

Da ich keinen High-School-Abschluss hatte, blieb mir nur ein Job in einer der vielen Bars. Pattaya ist Inbegriff des „sündigen Lebens", ist „Sex-Welthauptstadt", sagt man. Niemand arbeitet dort freiwillig, aber angeblich gibt es für Kathoey in dieser Stadt keine anderen beruflichen Chancen, als im Nachtleben Geld zu verdienen.

Von Beginn an fühlte ich mich in diesem Ambiente sehr unwohl, ich war todunglücklich. Mein Selbstmordversuch 2020 zeigt meine seelische Verfassung von damals -, und daran hat sich auch bis heute nichts geändert. Hinzu kommt, dass alle Kathoey in meiner Bar Alkohol trinken, um den Job besser ertragen zu können. Mein Körper entwickelte durch Alkohol eine Allergie gegen Hormone, die ich jahrelang eingenommen hatte. Ich musste sie nun absetzen. Ich denke, fehlende Östrogene sind der Grund, dass ich immerzu von Selbstzweifeln geplagt werde und zu Depressionen neige. Ohne Hormontabletten fühle ich mich zutiefst verunsichert und stelle mir täglich die Frage, ob ich Mann oder Frau bin.

Zugleich wächst in mir die Sehnsucht nach Geborgenheit ins Unermessliche; mein Durst nach Liebe ist unstillbar. Ich weiß, dass viele Kathoey unter diesen Seelenqualen leiden. Ich kenne aber keinen Ladyboy, der jemals einen Partner fürs Leben gefunden hat und von ihm geheiratet wurde.

MONICA

Mein Name ist Monica. Ich bin 20 Jahre alt.

Ich bin in Bangkok geboren und mit zwei jüngeren Brüdern aufgewachsen, die aber andere Väter hatten. Als ich 14 Jahre alt war, starb meine Mutter. Meine beiden Brüder wurden nach der Beerdigung von ihren Vätern abgeholt, und ich wurde in die Obhut meiner Tante gegeben. Denn mein Vater weigerte sich, mich aufzunehmen.

Meine Tante – die Schwester meiner Mutter – hatte selbst drei eigene Kinder, drei Jungen. Nun begann für mich eine Leidenszeit. Meine Stiefbrüder terrorisierten mich. Sie lachten mich aus, manchmal wurde ich geschlagen, und niemand half mir. Ich habe oft geweint und mich ganz in mich zurückgezogen.

Auch an der Schule habe ich viel Schlimmes erlebt. Mein Lehrer warnte die Kinder vor der versammelten Klasse, mit mir zu spielen, weil ich kein echter Junge sei. In der 1. bis zur 6. Klasse wurde ich wie eine Aussätzige behandelt, obwohl ich mich bemühte, nicht aufzufallen. Ich habe heute noch Alpträume und wache nachts schweißgebadet auf. Es wird wohl noch lange dauern, bis ich die traumatischen Erlebnisse dieser Zeit seelisch verarbeitet habe.

In der 7. Klasse kam ein zweiter Ladyboy an die Schule. Zwei Jahre später - im letzten Schuljahr - waren wir bereits vier Kathoey. Wir fühlten uns verbunden, wurden dicke Freundinnen -, tatsächlich waren wir Leidensgenossinnen.

Deren Leben war auch nicht glücklicher verlaufen als mein eigenes. So hingen wir ständig zusammen, tauschten Erfahrungen aus – von Schminken bis zu sexuellen Themen. Gemeinsam waren wir stärker, stieg unser Selbstvertrauen. Ich fing an, Hormontabletten zu nehmen und wandelte mich in dieser Zeit endgültig zur Frau. Bis dahin hatte ich ständig Selbstzweifel, zu welchem Geschlecht ich denn gehöre.

Leider hat mir meine Tante nicht erlaubt, dass ich nach der 9. Klasse eine höhere Schule besuche, obwohl ich gute Noten hatte. Die drei anderen Kathoey konnten an der High School ihr Abitur machen.

Vom 17. bis zum 19. Lebensjahr arbeitete ich in einer Bar, die dann wegen Covid geschlossen wurde. Man kann in dieser Branche aber nur überleben, wenn man die Erwartungen der „customers" erfüllt, d.h. bereit ist, auf Wunsch mit ihnen ins Hotel zu kommen. Da ich solche Angebote grundsätzlich ablehnte, blieb mir zum Überleben nur das Trinkgeld der Gäste. Das reichte manchmal nicht, um mich – nach Abzug der Kosten fürs Apartment – satt zu essen.

Meine Zukunft ist leider ungewiss, weil ich auf keinen Fall wieder ins Nachtleben zurück möchte.

Da ich derzeit ohne Einkommen bin, besuche ich jeden Tag einen Tempel, um nicht zu verhungern. Dort geben die Mönche kostenlos Essen aus. Ich bin aber gezwungen, mir immer neue Tempel zu suchen, da mich inzwischen viele dieser „heiligen Männer`“ kennen und abweisen. Die buddhistischen Mönche sind der Meinung, dass sie von den Kathoey auf unkeusche Gedanken gebracht werden, und schicken Ladyboys daher meistens weg.

Vor einem halben Jahr fiel ich in eine tiefe Depression, als ich wieder einmal von einem Mönch sehr schlecht behandelt wurde. Er beschimpfte und beleidigte mich ohne Grund. Diese Missachtung von Kathoey im Allgemeinen und meiner Person im Besonderen führte bei mir zum Kurzschluss. Ich wollte mir das Leben nehmen. Ich hatte die Schlinge schon um den Hals gelegt, sie aber dann wieder abgenommen. Nur meine große Angst vor Schmerzen hat mich davon abgehalten, mich umzubringen.

Ich glaube, dass fast alle Kathoey Einzelgänger sind und Probleme mit ihrer Umwelt haben, auch wenn sich die Situation der Ladyboys in den letzten Jahren gebessert hat. Das Leben ist hart, wenn man von seinen Mitmenschen nicht respektvoll behandelt wird; wenn man grundlos beleidigt und gekränkt wird. Bei ungerechter Behandlung brechen bei mir immer wieder alte Wunden auf. Dann verkrieche ich mich tagelang ins Bett und möchte aus dieser Welt verschwinden.

PING-PING

Ich heiße Ping-ping und bin 24 Jahre alt.

Ich stamme aus einer nördlichen Provinz Thailands, nahe Myanmar. Die Eltern meines Vaters waren Chinesen. Ich habe noch einen 6 Jahre älteren Bruder.

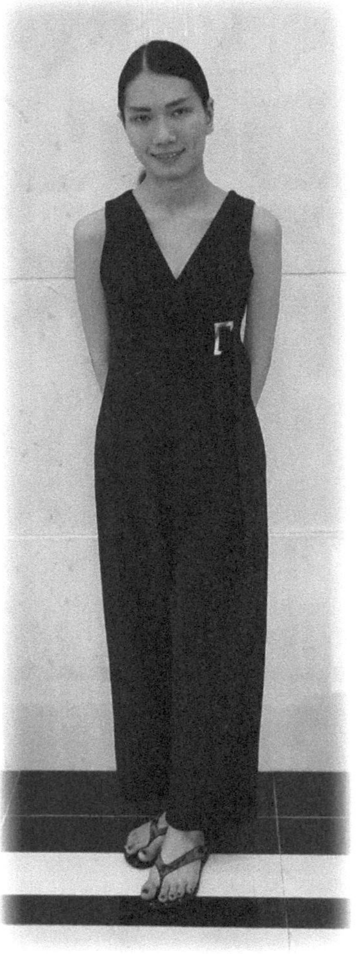

Bis zum Alter von 12 Jahren war ich unsicher, ob ich ein Mann bin oder ob aus mir eine Frau werden sollte. Nach außen hin – in der Familie und in der Schule – fügte ich mich in meine Rolle als Junge, auch nachdem ich endgültig beschlossen hatte, mich zum Mädchen zu wandeln. Heimlich begann ich mit 14 Jahren, Hormone - die Antibaby-Pille - einzunehmen.

Spät - erst an meinem 18. Geburtstag - habe ich meinen Eltern gestanden, dass ich mich als Kathoey fühle. Bis dahin konnte ich, um Probleme in der Familie zu vermeiden, meine Metamorphose vor ihnen verbergen, Meine Mutter hatte wohl geahnt, was in mir vorgegangen war und zeigte sich verständnisvoll.

Trotzdem begannen nun Jahre voller Konflikte, besonders viel Streit hatte ich mit meinem Vater. Es dauerte lange, bis meine Eltern sich damit abgefunden hatten, dass ihr zweites Kind ein „Mädchen“ war.

Es ist erstaunlich, aber an meiner Schule gab es unter den 4000 Schülern mindestens 100 Jungen, die sich als Transgender bezeichneten. Wir waren eine starke Gruppe und konnten uns gut gegenüber den anderen Mitschülern gut behaupten. Als „3. Geschlecht" traten wir selbstsicher auf, und man respektierte uns.

Die Universität schloss ich im vorigen Jahr mit guten Noten ab, im Fach Wirtschaftsbuchhaltung. Nach dem Studium stellte sich bald heraus, dass Ladyboys erheblich schlechtere Berufschancen haben als „normale" Arbeitssuchende. Beim Vorstellungsgespräch ist - allein durch den männlichen Vornamen – schnell klar, dass die Bewerberin keine Frau ist. Absagen erfolgen dann meist mit dem Argument, die Firma suche einen Mitarbeiter bzw. eine Mitarbeiterin mit Erfahrung.

So bin ich heute immer noch auf Stellensuche. Um Geld zu verdienen, arbeite ich in einer Bar in der Nana-Street, dem Rotlichtbezirk von Bangkok. Ich hoffe aber, dass dieser unangenehme Job nur vorübergehend ist und ich meine Berufspläne baldigst verwirklichen kann.

Ich fühle mich in dieser Bar unter „Profis" höchst unwohl und weiß, dass ich allein von der Bildung her nicht in das Milieu passe. Es arbeiten dort ausschließlich Ladyboys, und die meisten haben nur die Grundschule besucht. Das einzige Gesprächsthema ist Sex, es ist schwer erträglich. Darüber hinaus hat ein Großteil der Kathoey durch diesen Job jegliche Scham und

Selbstachtung verloren. Nach Mitternacht tanzen viele völlig nackt auf der Bühne. Und manche von den Ladyboys sind drogensüchtig.

Mein Wunsch ist, mich einer Geschlechtsumwandlung zu unterziehen, damit ich zu einer echten Frau werde. Vielleicht erlaubt ja der Staat schon bald eine Namensänderung für Kathoey, wenn diese komplett um-operiert sind. Dann hätte auch ich bessere Berufschancen.

Und mir würden wohl auch nicht die Männer weglaufen, sobald sie erfahren, dass ich ein Ladyboy bin. Als ich noch die High-School besuchte, habe ich gegenüber meinen Kollegen und Freunden ängstlich verschwiegen, dass ich ein Geheimnis habe. Vermutlich sind einige meiner Verehrer immer noch ahnungslos.

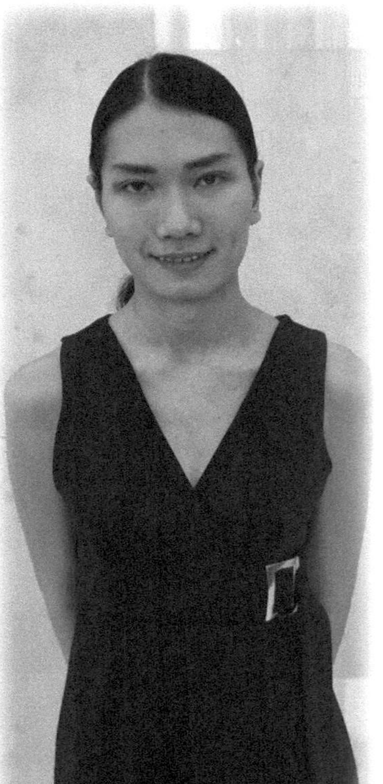

Den ersten „richtigen" Freund, mit dem ich intim war, hatte ich erst als Studentin. Auf Partnersuche musste ich aber mehrfach erleben, dass die thailändischen Männer verzweifelt nach einer Ausrede suchten, um sich zu verabschieden, sobald ich ihnen sagte: ‚Sei bitte nicht geschockt -ich bin ein Transgender'. Ich denke, dass 70 - 80% der Männer weglaufen, sobald man sich als Kathoey outet.

Allen Widrigkeiten zum Trotz -, ich lebe zufrieden und in der Hoffnung, einen seriösen Beruf zu finden, der meiner Ausbildung angemessen ist.

JASMIN

Ich heiße Asmon, aber meine Freunde nennen mich Jasmin. Dieser Name passt besser zu mir, denke ich. Ich bin 19 Jahre alt und lebe in Pattaya.

Ich bin in Nordthailand aufgewachsen, in Thailands "Armenhaus" Isaan. Meinen Vater habe ich nie gekannt und auch nichts über ihn erfahren, obwohl ich als Kind immer wieder nach ihm gefragt habe. Meine Kindheit und Jugend habe ich bei meiner Großmutter verbracht. Meine Mutter gab mich schon als Baby bei ihr ab und zog nach Pattaya. Von meiner Großmutter wurde ich streng erzogen, bis ich es im Alter von 16 Jahren nicht mehr ausgehalten habe und zu meiner Mutter nach Pattaya flüchtete -, 1000 km von Isaan entfernt.

Ich habe zwei ältere Schwestern, auch sie lebten mit mir bei der Großmutter. Zweimal im Jahr besuchte uns die Mutter, und einmal im Jahr gab es ein großes Familienfest. Aber auch dort tauchte der große Unbekannte - unser Vater - nie auf. Wir nahmen an, dass wir drei Geschwister den gleichen Vater hatten, haben aber nie herausgefunden, warum er von allen totgeschwiegen wurde. Meine Schwestern und ich wissen also bis heute nicht, ob wir einen gemeinsamen Vater haben.

Meine beiden Schwestern habe ich sehr geliebt und verehrt, habe ihnen schon als Kleinkind nachgeeifert. Ich wollte sein wie sie, ein Mädchen. Als ich mich im Alter von 4 oder 5 Jahren weigerte, Jungenkleidung zu tragen, hatte meine Großmutter nichts dagegen. Wir lebten sparsam, und sie sah es wahrscheinlich pragmatisch. Denn Kleider für Mädchen gab es ja reichlich im Schrank; meine Schwestern hatten alle ihre alten Röcke, Blusen usw. aufbewahrt.

Dass ich meine Kindheit und Jugend nur unter Frauen verbrachte, hat sicher meinen Weg zum Kathoey befördert. Als Ladyboy wurde ich an meiner Schule zwar manchmal gehänselt, grundsätzlich wurden wir Transgender aber von den Mitschülern und Mitschülerinnen respektiert. Überhaupt ist es heute viel einfacher, als Kathoey in Frieden zu leben, als das wohl früher der Fall war.

Der Hauptgrund für Toleranz speziell an unserer Schule war, dass bei uns der Anteil an Ladyboys außergewöhnlich hoch war. Allein in meiner Klasse waren zwei weitere Kathoey. Ich nehme an, dass unter den 3000 Schülern bis zu 150 Transgender waren.

Jährlich wurde an unserer Schule ein Schönheitswettbewerb unter Ladyboys veranstaltet. Ich bin stolz darauf, dass ich einmal unter die fünf schönsten Kathoey gewählt wurde.

In der Pubertät – im Alter von 15 bis 16 Jahren – gab es eine Phase, in der ich plötzlich Mann sein wollte. Ich ließ meine Haare kurz schneiden und ging nur noch mit Männerkleidung aus dem Haus. Nach kurzer Zeit fühlte ich mich aber in der Macho-Rolle unwohl, und dies war für mich der sichere Beweis, dass mir von Natur aus eine weibliche Rolle vorherbestimmt war. In meiner ganzen Kindheit und Jugend sah ich mich als Mädchen und Frau.

Seit Beendigung der Grundschule arbeite ich bei meiner Mutter in Pattaya, helfe ihr in ihrem kleinen Gemischtwarenladen. Ehrlich gesagt, halte ich mich für einen glücklichen Menschen, einen „Happy Ladyboy". Ich gefalle mir so, wie ich bin, und würde mich nie einer Schönheitsoperation unterziehen.

Einen großen Lebenstraum habe ich, und ich hoffe, dass er eines Tages Wirklichkeit wird:

Ich möchte gerne als Stuart auf einem der großen Kreuzfahrtschiffe arbeiten, die von Thailand aus rund um den Globus fahren. So würde ich die ganze Welt kennenlernen. Bisher war ich leider noch nie im Ausland. Vielleicht könnte ich dabei auch einen Mann fürs Leben finden. Am liebsten einen Farang.

Anmerkung. Jasmin konnte geholfen werden. Die Stiftung "Future for K." (K = Kathoey) finanzierte ihr das Studium an einer Schule in Bangkok, die sich auf die Ausbildung von Stewarts für Kreuzfahrtschiffe spezialisiert hat. Nach Beendigung des Studiums und eines Praktikums sollte Jasmin ohne Probleme einen Vertrag von einem der großen in Thailand ansässigen Reedereien erhalten und ihren Traum verwirklichen, die Welt zu erkunden.

FOUR

Mein Name ist Four. Ich bin 23 Jahre alt.

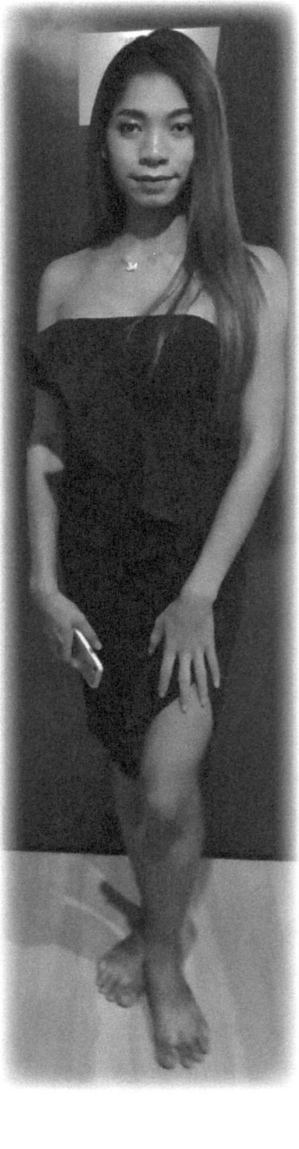

Wenn ich mich an meine Kindheit und Jugend erinnere, habe ich immer diese Bild vor mir:

Ich sehe mich in den Spiegel schauen, und mir blickt ein Junge entgegen. Und jedes Mal erschrecke ich vor mir selbst, weil ich mir so fremd bin. Weil dort im Spiegel eigentlich ein Mädchen stehen sollte...

Die traurige Wahrheit ist, dass ich als Kind Dinge erlebt habe, die ich niemandem wünsche. Ich wuchs schon als Baby bei einer alleinerziehenden Mutter auf. Ich war 5 Jahre alt, als ich eines Tages aufwachte und sich ein fremder Mann über mein Bett beugte. Ich erschrak, doch meine Mutter beruhigte mich und sagte: „Das ist dein Vater".

Tatsächlich war mein Vater nach 6 Jahren zurückgekehrt in der Absicht, seinen Sohn abzuholen. Was ich nie vergessen werde: Meine Mutter sagte zu dem Mann: „Kannst ihn mitnehmen". Vorher hatte sie mir niemals von meinem Vater erzählt; sie hatte auch verschwiegen, dass sie nur die Pflegemutter ist.

So packte meine Stiefmutter also meine wenigen Habseligkeiten zusammen, und ich verließ für immer das Haus, in dem ich die ersten Jahre meines Lebens aufgewachsen war.

Ich wohnte von nun an bei meinem Vater in Bangkok und erfuhr nach und nach die Wahrheit: Mein Vater wurde gewalttägig, wenn er betrunken war und hatte meine Mutter regelmäßig geschlagen. Einmal hatte er eine Vase nach ihr geworfen, ein paar Wochen vor meiner Geburt. Sie musste sich vor ihm verstecken.

Als meine Mutter zum zweiten Mal schwanger war, gab sie mich zur Pflege ab, um mich vor dem Mann zu schützen. Sie selbst wanderte später nach Japan aus.

Es war absehbar, dass nun für mich eine Leidenszeit beginnen würde. Mein Vater war nüchtern sehr warmherzig. Zunächst konnte ich vor ihm verheimlichen, dass ich ein Mädchen sein wollte. Aber nachdem er die Wahrheit herausgefunden hatte, setzte er alles daran, um einen Mann aus mir zu machen. Ich musste viele Schläge einstecken und möchte über diese Zeit nicht sprechen.

Als ich neun Jahre alt war, starb mein Vater an Leberzirrhose, und ich wurde von seiner Mutter aufgenommen. Bei ihr, meiner Großmutter, ging es mir gut. Sie starb 6 Jahre später - da war ich 15. Meine letzte Bezugsperson, bevor ich erwachsen war, wurde dann die jüngere Schwester der Großmutter. Bei ihr konnte ich einige Jahre wohnen.

Wie habe ich als Kind dieses chaotische Leben ertragen? Schwerlich. Ich habe einen Selbstmordversuch unternommen, aber letztlich habe ich Trost im Tempel gefunden.

Abgesehen von den verworrenen Lebensumständen trug ich die ganze Zeit über das Problem mit mir herum, dass ich ein Junge war, obwohl ich mich als Mädchen fühlte.

Nachdem die Leidenszeit mit meinem Vater vorbei war und meine Großmutter sich nicht in mein Leben einmischte, holte ich alles nach, wovon ich vorher geträumt hatte. Kaum hatte ich die Schuluniform ausgezogen, trug ich nur noch Mädchenkleider. Ich fand schnell einen festen Freund, der mich viele Jahre sehr liebte. Geschminkt bin ich eine schöne Frau. So war ich in der 9. Klasse - 16jährig - ein gefragtes Model und konnte damit die High-School finanzieren.

Zum Glück, denn nun studiere ich bereits im 5. Semester an der Universität in Bangkok Kunst und Design, und im Nebenfach Geschichte. Im kommenden Jahr möchte ich mich an der High-School als Lehrer/in bewerben.

Ich hoffe, dass mir der Zeitgeist zugutekommt; dass mir die neue Liberalität und Toleranz unter den Menschen hilft, als Kathoey einen Vertrag als Lehrer/in zu erhalten.

Ich denke, das Leben hat mir immer böse mitgespielt, und so hoffe ich, dass ich am Ende doch noch vom Leben „entschädigt" werde.

ILIJN

Mein Name ist Ilijn. Ich bin 27 Jahre alt.

Ich lebe in Thailand, bin aber geboren und aufgewachsen in der laotischen Stadt Savannakhet, die direkt an der Grenze zu Thailand liegt. Ich habe zwei ältere Schwestern und einen jüngeren Bruder.

Bereits mit 6 Jahren entdeckte ich, dass ich zwar als Junge geboren war, dies aber offensichtlich ein Fehler war, ein Missgeschick der Natur. Als ich meinen Eltern gestand, dass ich mich nicht wie ein Junge fühle, sondern als Mädchen aufwachsen möchte, bedeutete das eine Katastrophe für die Familie. Mein Vater war schockiert und wütend; meine Mutter sagte, das solle man nicht so ernst nehmen und erst mal abwarten, bis ich älter bin.

In den folgenden Jahren erlaubte mir meine Mutter zögerlich, hin und wieder einen Rock zu tragen, wenn ich lange genug darum gebettelt hatte. Von Anfang an interessierte ich mich ausschließlich für die Spiele der Mädchen, und meine einzigen Spielgefährten waren Freundinnen. Um den Vater nicht zu sehr zu provozieren, vereinbarte ich mit meiner Mutter, dass ich zuhause Jungen-Kleidung trug und außerhalb des Hauses mich als Mädchen zeigen durfte. So wechselte ich also jedes Mal heimlich die Kleidung, wenn ich aus dem Haus ging oder bevor ich das Haus betrat.

In den Jahren danach bekamen wir in Laos Internet und es gab einen spürbaren Wandel. Die Menschen waren informierter und begannen zögerlich zu akzeptieren, dass es auch in Laos Transgender gab, und zwar Jahr für Jahr mehr. Als letzter fand sich mein Vater damit ab, dass sich einer seiner Söhne zum Ladyboy entwickelt hatte.

Als ich 13 Jahre alt war, brauchte ich mich nicht mehr zu verstellen, sondern ich konnte mich privat und in der Öffentlichkeit als Transgender zeigen. Doch während es an der Schule mit Lehrer und Klassenkameraden nie Probleme gab, konnten unsere buddhistischen Nachbar nicht „über ihren Schatten springen“. Sie schauten mir nach, tuschelten und zeigten mit dem Finger auf mich. Doch meine Familie nahm mich immer in Schutz, und so kann ich sagen, dass ich eine schöne Kindheit hatte und heute in Thailand als glücklicher Kathoey lebe.

Meine erste große Liebe fand ich mit 17 Jahren -, einen jungen Mann aus der Nachbarschaft. Das Verhältnis war platonisch, aber ich fühlte, dass ich nun in der Gruppe angekommen bin, der ich immer zugehören wollte: Als „phed“, wie man in Laos sagt, als Transgender im 3. Geschlecht. Dazu stehe ich. Ich bin selbstbewusst und zufrieden mit meinem Leben.

Im Alter von 18 Jahren ging ich nach Bangkok, da ich in Laos trotz guter Zeugnisse keine Arbeit finden konnte.

Ich arbeitete zunächst illegal und wurde prompt von der Ausländerpolizei festgenommen. Mein Visum war abgelaufen, also wurde ich erst einmal eingesperrt. Der Pass weist mich ja als Mann aus, und so verbrachte ich drei Wochen im Männergefängnis -, zusammen mit 100 anderen Delinquenten.

Dies war die schlimmste Zeit meines Lebens. Ich war als Ladyboy ein begehrtes Opfer und wurde so immer wieder missbraucht. Niemand schützte mich. Mich zu vergewaltigen war auch keine Straftat und wurde nicht geahndet, denn ich war ja keine Frau. Mein Vater musste mich zur Entlassung abholen. Ich fühlte mich kraftlos und krank, weil ich Tag für Tag unter den Männern herumgereicht worden war.

Durch Glück gelang es mir später, eine Arbeitserlaubnis in Thailand zu ergattern. Seit 7 Jahren arbeite ich in einer Festanstellung als Buchhalter. Ich hoffe, dass ich mich eines Tages selbständig machen und ein eigenes Geschäft in Laos eröffnen kann.

Leider habe ich meine Familie seit drei Jahren nicht gesehen. Mein Vater ist inzwischen gestorben, meine Geschwister sind verheiratet. Auch ich träume von einer Familie und einem Lebensgefährten, der fest zu mir steht. Derzeit bewohne ich ein kleines Apartment in Bangkok. Ich warte darauf, dass ich eines Tages einem Mann mein volles Vertrauen und all meine Gefühle schenken kann. Ich weiß, dass ich ein guter Partner sein werde.

LOVE

Mein Name ist Love. Ich bin 15 Jahre alt. Ich lebe mit meinen Eltern in Pattaya, zusammen mit drei älteren Schwestern und einem jüngeren Bruder.

Als ich 6 Jahre alt war, beobachtete ich meine Schwestern heimlich, wie sie sich gegenseitig schminkten und vor dem Spiegel schöner machten. Einige Jahre später sah ich mir bei YouTube am liebsten die Clips zum Thema Kosmetik an. Auch sonst hatte ich völlig andere Interessen als meine gleichaltrigen Freunde. Statt Fußball spielte ich mit Puppen und probierte von Lippenstift bis Makeup alles aus.

Einmal brachte ich heimlich die Barbie-Puppe meiner Schwester in die Schule mit. Eine Gruppe von Mitschülern ertappte mich dabei. Sie rissen mir grölend die Puppe aus der Hand und brachen sie in zwei Teile. Ich war untröstlich. Als ich nach Hause kam, versuchte ich, die Puppe mit Klebstoff zu reparieren. Dies sah meine Mutter, und so wusste bald die ganze Familie, dass ich ein Ladyboy war.

Von anderen Kindern geärgert und ausgelacht zu werden, verletzte mich zutiefst. Im Kindergarten wurde ich gehänselt, in der 6. Klasse mehrere Male zusammengeboxt. Teilweise war ich daran nicht unschuldig, denn ich habe meine Mitschüler hin und wieder bewusst provoziert. Zu bestimmten Anlässen, z. B. zur Weihnachtsfeier, erschien ich mutig in Mädchenkleidung.

Bis zur 6. Klasse war ich der einzige Transgender an der Schule. Auf der High-School waren wir bereits eine Gruppe von zehn Kathoey. Dadurch verbesserte sich unsere Situation: Wir schlossen uns zusammen und konnten uns so zur Wehr setzen.

Eines Tages sah mich mein Vater, wie ich mit einer Barbie-Puppe im Arm im Bett lag und schlief. Er weckte mich auf und sagte, dass sich das für Jungen nicht gehöre. Aber von diesem Zeitpunkt an schien es mir, als versuchte mein Vater, mich zu verstehen und zu begreifen, dass meine Entwicklung anders verlief, als bei „normalen" Jungen. Gleichzeitig wurde mir klar, wie sehr mein Vater darunter litt, weil sein ältester Sohn auf dem Weg war, ein Ladyboy zu werden. Und wir fingen an, ein gewisses Verständnis füreinander zu entwickeln.

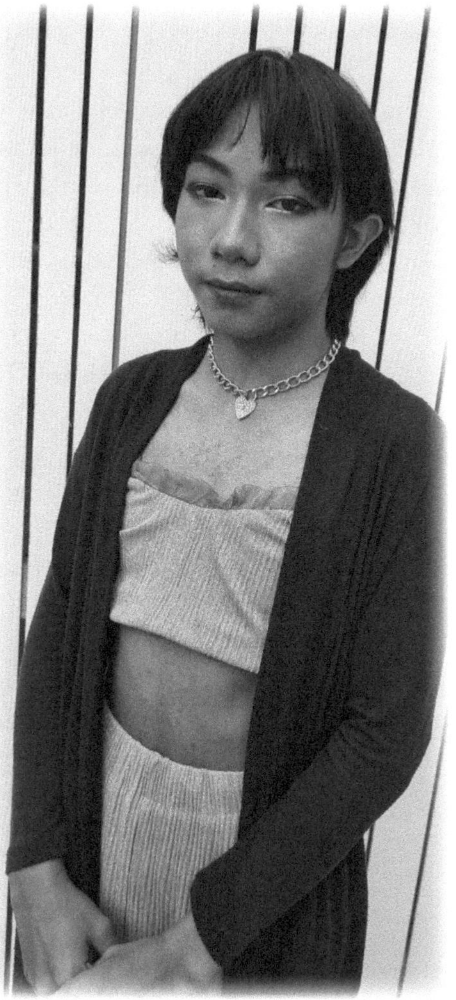

Im Alter von 10 Jahren begann ich damit, mich selbst zu erforschen. Ich wollte nicht nur meinen Körper kennenlernen, ich wollte auch meine Gefühle entdecken und herausfinden, zu welchem Geschlecht ich mich wirklich hingezogen fühle. Meine Freunde waren ausschließlich Mädchen, aber in Wirklichkeit interessierte ich mich für Jungen.

Ein Mann – Freund unserer Familie im Alter von 25 Jahren - gefiel mir besonders. Er war klug, sah gut aus und war sehr verspielt. In seiner Nähe fühlte ich mich richtig wohl, und ich begann, ihn zu bewundern, ja ihn zu lieben. Solch ein zärtliches Gefühl hatte ich vorher nicht gekannt. Zu meiner Überraschung spürte ich eine unstillbare Sehnsucht in mir und das Verlangen, ihn zu umarmen; zugleich wuchs meine Angst, ihn zu verlieren.

So nahm ich eines Tages allen Mut zusammen und gestand ihm, dass ich mich in ihn verliebt habe. Die Reaktion des Mannes schockierte mich. Er gab mir eine schallende Ohrfeige und sagte, ich sei pervers. Er habe eine feste Freundin.

Nach diesem Erlebnis begann ich, kritischer über mich selbst nachzudenken und mich zu fragen: Wer bin ich, zu welchem Geschlecht gehöre ich? Bin ich vielleicht eine „Fehlentwicklung der Natur"? So versuchte ich – im 11. und 12. Lebensjahr – über die Sozialen Medien mehr zum Thema Sexualität zu erfahren. Ich schloss mich einer Internet-Gruppe an, um alles über Liebe, Sex und Ladyboys herauszufinden.

Stunden und Tage verbrachte ich mit meinem Handy und sog jede Information gierig in mich auf. Doch bald schon fühlte ich mich überfordert. Mir war klar, dass ich noch zu jung war, um das Ganze zu begreifen und richtig einzuordnen. Zugleich empfand ich ein starkes Verlangen nach Liebe und Zärtlichkeit. Dabei war mir klar, dass ich bei Begegnungen mit Männern jede Gefühlsregung verbergen musste. Der Schock meiner ersten großen Liebe steckte tief in mir.

Mit 12 Jahren begannen die Probleme mit meinen Eltern. Ich widersetzte mich allen Regeln und Vorschriften, verhielt mich sehr aggressiv gegenüber meiner Familie. Niemand wollte mich verstehen, ich fühlte mich ständig missachtet und nicht respektiert. So suchte ich Zuflucht bei meiner Internet-Familie, mit der ich mich mehr verbunden fühlte als mit meinem Elternhaus. Der Rat meiner Online-Freunde war oft emotional, aber selten klug. Daher kam es fast täglich zu Streit und Spannungen zwischen mir und meiner Familie.

Als ich 13 Jahre alt war, verspürte ich eine große Leere in mir und hatte an nichts Interesse. Ich war müde und hatte keine Lust, in die Schule zu gehen. Ich war, so schien es, seelisch krank. Sehr oft weinte ich. Meine Mitschüler fuhren fort, mich zu mobben und mich wegen meines Aussehens zu hänseln. Mein einziger Ausweg war, mich gänzlich zurückzuziehen. Ich hielt nur noch Kontakt zu meinen Internet-Freunden, von denen sich die meisten ebenfalls als Ladyboys geoutet hatten und von Problemen mit ihrer Umgebung berichteten. Wir waren eine Schicksalsgemeinschaft, die mir in dieser Zeit sehr geholfen hat.

Mit meinen Eltern konnte ich nicht sprechen, ebenso wenig mit meinen Freundinnen. So zog ich mich zurück und verstummte. In den Schulferien schloss ich mich einen Monat lang in mein Zimmer ein. Am liebsten wollte ich sterben.

Auch außerhalb meiner Familie konnte ich niemandem vertrauen. Irgendwann stellte ich jedoch fest, dass es „draußen" Menschen gab, die mir gut gesonnen waren und mich mochten. So lernte ich allmählich, unfreundliche und verletzende Worte zu ignorieren und den Spott einzelner einfach zu überhören. Meine Mutter bestärkte mich darin und meinte, es gibt immer Menschen, die mich lieben, und andere, die mich verachten.

Seither gebe ich mir Mühe, so zu leben, dass die Menschen in meiner Umgebung mich verstehen und akzeptieren. Ich versuchte, mir klar zu machen, dass mein Weg richtig ist, und dass es auch in scheinbar ausweglosen Situationen immer eine Lösung gibt. Für mich steht fest: Wenn ich hinfalle, werde ich wieder aufstehen und weitergehen.

Mein Slogan: „Be who you are and love as you are".

Die Zeit verging, ich war inzwischen 15 Jahre alt (- mein jetziges Alter -), und alles schien gut zu werden. Ich habe Freunde, meine schulischen Leistungen sind besser geworden. Mein fester Vorsatz ist, nach Abschluss des Abiturs an der Universität zu studieren. Ich denke, ich kann meine Zeit gut einteilen und verstehe sie zu nutzen. Ich bin gewissenhaft im Lernen und gönne mir erst eine Pause, wenn ich meine schulischen Verpflichtungen erfüllt habe. In meiner Freizeit schreibe ich Songs. Ich bin nun offen für

Meinungen anderer, gehorche meinen Eltern. Ich weiß, wer ich bin und verfolge mein Ziel.

So weit, so gut. Vor einem halben Jahr aber hat sich mein Leben von einem Tag auf den anderen radikal verändert.

Mein Vater, der immer verständnisvoll und einfühlsam mir gegenüber war, trennte sich von meiner Mutter, und ein neuer Mann zog in unser Haus ein. Wie sich bald herausstellte, war dieser extrem intolerant und voller Hass auf Transgender. Er sagte, dass er meine Mutter abgöttisch liebe, aber nicht bereit sei, mit einem Ladyboy unter einem Dach zu wohnen. Ich solle mich ändern – also ein „richtiger" Mann werden -, oder ausziehen.

Um den Frieden in der Familie zu bewahren, stand mir meine Mutter nicht bei, sondern sah weg, wenn sich ihr neuer Lebensgefährte aggressiv und ungerecht gegenüber mir verhielt. Andererseits war ich nicht bereit, meine Persönlichkeit zu verleugnen. Denn ich identifizierte mich bereits viel zu sehr mit meiner Rolle als Mädchen und Frau. Ich wollte und konnte mich nicht ändern.

Anfangs versuchte der neue Mann, mich zu schlagen. Doch meine Mutter verbot ihm, mich mit dem Stock umzuerziehen. Da es für mich keinen Platz außerhalb der Familie gab, griff der Mann zu einem drastischen Mittel:

Er setzte durch, dass ich als Ladyboy nicht am Tisch mit der Familie essen durfte -, und diese Regel gilt bis heute:

Ich muss warten, bis meine Mutter und ihr Freund sowie meine vier Geschwister zu Ende gegessen haben. Die Reste, die übrig bleiben – manchmal fast überhaupt nichts - sind dann für mich bestimmt. In einer Ecke des Wohnzimmers wurde mir ein Platz auf einem kleinen Schemel zugewiesen, auf dem ich essen muss. Mein bester Freund ist unser Hund, mit dem ich das Essen teile.

Im Übrigen wohne ich in der Abstellkammer, meine Geschwister schlafen in normalen Zimmern.

Völlig verzweifelt bin ich, weil der Lebenspartner meiner Mutter vor kurzem sagte, ich müsse die Schule verlassen und zu seiner Familie nach Nordthailand ziehen, zum Arbeiten. Dort - in der Provinz Isaan - gibt es nur Reisfelder und bäuerliche Arbeit. Ich habe

Sorge, dass ich die Arbeit auf dem Feld unter glühender Sonne nicht lange durchhalten werde. Meinen Traum als Student an der Universität von Bangkok muss ich dann wohl begraben.

Ich weiß nicht, wie meine Zukunft aussieht. Das macht mich sehr unglücklich.

Anmerkung. Love konnte geholfen werden. Die Stiftung des Autors „Future for K." (K = Kathoey) ermöglicht Love, in den kommenden drei Jahren die Schule und später die Universität zu besuchen. Er wohnt nun bei seiner Großmutter in Bangkok und geht weiterhin aufs Gymnasium. Finanziert durch die Stiftung.

CHAIYA

Mein Name ist Chaiya. Ich bin 33 Jahre alt.

Ich hatte eine schöne, wohlbehütete Kindheit in Pattaya, an die ich gerne zurückdenke. Bereits im Alter von sechs Jahren stellte ich fest, wenn ich in den Spiegel schaute, dass ich eigentlich kein Junge war. Ich fand mich wunderschön -, viel zu schön für einen Jungen. Und auch von meinem kindlichen Empfinden her fühlte ich mich als Mädchen.

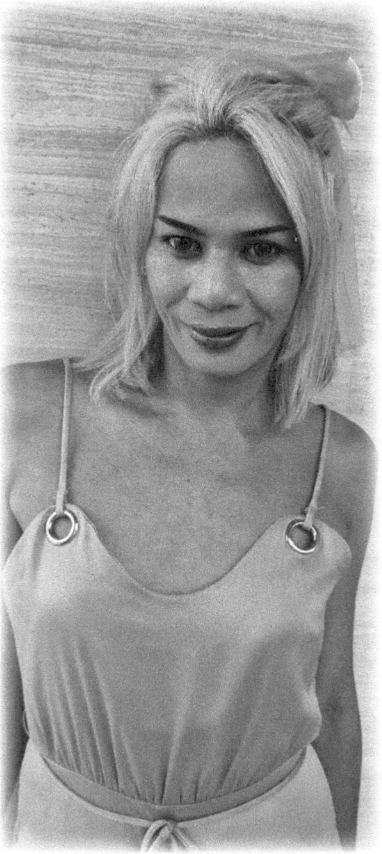

So wartete ich auf einen passenden Moment - meinen 6. Geburtstag - und erklärte meinen Eltern, ich möchte gerne von nun an Mädchenkleider tragen, Rock statt Hose. Während mein Vater schockiert war, reagierte meine Mutter sehr wohlwollend auf meinen Wunsch. Später sagte sie mir, dass sie sich damals ohnehin ein Mädchen gewünscht habe, als „Nachzüglerin". Meine beiden Geschwister - Bruder und Schwester - waren viel älter als ich.

In der Schule musste ich zwar Jungen-Uniform tragen, aber in meiner Freizeit schlüpfte ich flugs in Mädchenkleider. Soweit ich mich entsinne, gab es damals an meiner Schule – einer Privatschule - in jeder Klasse ein oder zwei Kathoey, so dass wir Transgender von Lehrern und Mitschülern respektiert wurden. Ich war auch in meiner ganzen Schulzeit niemals von einem Schüler verspottet oder angefeindet worden, weil ich ein Mädchen sein wollte. Möglicherweise wurden hinter meinem Rücken Witze gerissen, aber darauf habe ich nie geachtet. So erinnere ich mich auch nicht, dass ich als Kind jemals traurig war oder mich verletzt fühlte.

Nach Abschluss der 9. Klasse lernte ich den Beruf der Fußpflegerin. Ich schloss mit Diplom ab und ließ mich anschließend auch noch zur Diplom-Masseurin ausbilden, da man in diesem Beruf bessere Berufs- und Einkommens-Chancen hat.

Ich war 11 Jahre alt, als unerwartet mein Vater starb, der ein erfolgreicher Kaufmann war und uns ein sorgloses Leben ermöglicht hatte. Wir hatten zwar ein eigenes Haus, aber geringe Ersparnisse, so dass meine Familie nun Geld verdienen musste. Auch für mich war monatlich Schulgeld zu entrichten.

Meine Mutter begann, in einer kleinen Garküche neben der Straße Essen zuzubereiten und zu verkaufen. Mein Bruder fing im Meer.

Tintenfische, und meine Schwester verkaufte Blumen für Buddha-Altäre. Es waren harte Zeiten, die auf das unbeschwerte Leben folgten. Aber meine Familie kämpfte und schlug sich tapfer.

Heute sehe ich es als meine Pflicht an, für meine Mutter zu sorgen. Die Hälfte meines Einkommens erhält sie jeden Monat von mir. Dabei wohnen wir immer noch zusammen in unserem Elternhaus.

Ich kann ehrlich sagen, dass ich mit meinem Leben als Kathoey zufrieden bin und meinen Körper so, wie er ist, akzeptiere. Ich möchte keine Operation, keine Vergrößerung der Brust durch Implantate, geschweige denn eine Geschlechtsumwandlung. Etwas mehr Brust würde ich mir wünschen, daher nehme ich hin und wieder Antibaby-Pillen ein. Eine jahrelange Hormonbehandlung, wie von vielen Ladyboys praktiziert, lehne ich ab. Das halte ich für gesundheitsschädlich.

Zum Glück habe ich einen Arbeitsplatz in unserem Postamt gefunden. Im Augenblick ist mir diese Sicherheit wichtig. Freilich, mein Traum wäre, einen Schönheitssalon zu eröffnen. Aber ich scheue das Risiko der Selbständigkeit.

Es gibt natürlich Momente, an denen ich mich sehr einsam fühle. Manchmal betäube ich diese Stimmung mit Alkohol. Offen gesagt: Ich wünsche mir einen europäischen Mann, der mich schätzt und dem ich ein lieber, zärtlicher Partner sein kann. Ich hoffe, dass sich dieser Wunsch eines Tages erfüllt.

EMILI

Mein Name ist Emili. Ich bin 22 Jahre alt.

Ich habe zwei jüngere Geschwister, Bruder und Schwester. Aufgewachsen bin ich in einer Kleinstadt 100 km nördlich von Bangkok.

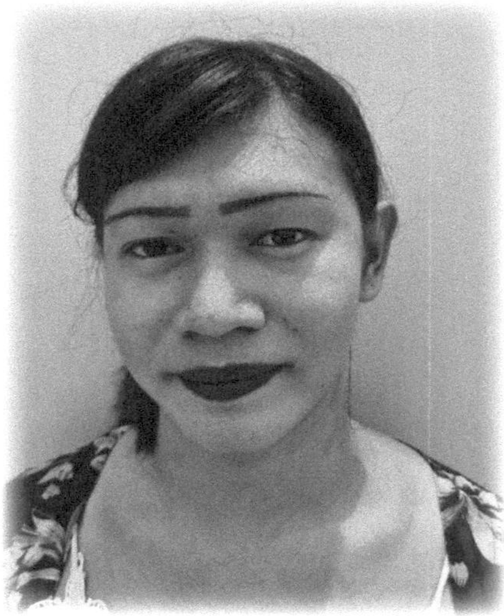

Um ehrlich zu sein: Mir wurden erotische Fantasien und die Liebe zu Männern wohl schon in die Wiege gelegt. Ich wurde von einem jungen Onkel erzogen, weil meine Eltern arbeiteten und fast nie zuhause waren. Ich entsinne mich, dass ich jede Woche einmal mit ihm gemeinsam duschen durfte. Das war harmlos, für mich aber sehr aufregend, denn beim Anblick des nackten Onkels verspürte ich schon im Alter von 5 Jahren ein Kribbeln im Bauch.

Mit 6 oder 7 Jahren wurde ich durch eine Fernsehsendung aufgeklärt, was man in Thailand unter einem Kathoey versteht. Da war mir sofort klar: „Ein Ladyboy – das bist du“. Schon damals erweckten hübsch aussehende Jungen meine Aufmerksamkeit. Ich habe jedem, der mir gefiel, nachgeschaut. Den Kopf verdreht.

Mit 13 Jahren wechselte ich zur High School und war dort der einzige Kathoey unter 1500 Schülern. Wahrscheinlich gab es noch weitere „heimliche“ Ladyboys an der Schule. Ich versuchte jedoch nie zu verbergen, dass ich Transgender bin, sondern schminkte mich grell mit Lippenstift und Makeup und präsentierte mich in erotischen Kleidern. Bald gab es eine Menge

Jungs, die mir nachliefen und um meine Freundschaft warben; ich hatte eine richtige Fan-Gemeinde.

In dieser Zeit war ich glücklich, denn ich stand im Mittelpunkt der ganzen Schule. Von Natur aus bin ich sehr extrovertiert und empfänglich für Komplimente und Bewunderung. So durfte ich an Weihnachten und bei anderen Anlässen vor der ganzen Schule laotische Tänze vorführen, als einziger Junge.

Nicht alle Lehrer waren mir wohl gesonnen. Manche behandelten mich schlecht. Ich erinnere mich an eine Situation, bei der ich am liebsten im Boden versunken wäre. Ich fing mit 14 Jahren an, Hormone zu nehmen, so dass mir ein kleiner Busen gewachsen war. Da meine Schuluniform sehr eng an meinem Körper anlag - sie war ja nicht für Mädchen genäht -, kam ich eines Tages auf die Idee, einen BH zu tragen. Der Lehrer bemerkte dies sofort beim morgendlichen Appell auf dem Schulhof, wenn alle gemeinsam die Nationalhymne singen. Für den nächsten Tag wurden meine Eltern einbestellt, und ich musste vor allen Mitschülern den BH ausziehen. Natürlich habe ich mich sehr geschämt, am meisten vor meinen Eltern.

Dieser Vorfall war für meinen Vater zu viel. Mein leicht exzentrisches Verhalten als Ladyboy hatten jahrelang familiäre Konflikte provoziert. Denn während meine Mutter mir wohlgesonnen war, empfand mein Vater mein feminines Auftreten als peinlich.

Ein Transgender in der Familie -, das war für ihn unerträglich! Er weigerte sich lange Zeit, mit mir zu sprechen. Später kam es fast täglich zu Diskussionen und Streit in unserer Familie. Am Ende stand die Scheidung meiner Eltern -, daran war ich nicht unschuldig.

Meine Mutter verließ mit uns Kindern die gemeinsame Wohnung und zog zu ihrem neuen Freund nach Bangkok. Mit ihm hat sie heute zwei weitere Kinder.

Ohne unseren leiblichen Vater verarmte die Familie. So musste ich mir nach dem High-School-Abschluss einen Job suchen.

Heute arbeite ich zusammen mit meiner Mutter in der Fabrik von Mitsubishi Motors Thailand. Leider sehe ich dort für mich keine Zukunft, keinerlei Aufstiegschancen. Die Arbeit am Fließband ist frustrierend. Ich leide darunter, dass ich nicht an der Universität studieren durfte, obwohl ich eines der besten Zeugnisse meiner Abiturklasse hatte.

Was ist geworden aus meinen erotischen Fantasien, was ist geblieben von meiner Sehnsucht nach Liebe und Sex? Leider nicht viel. Darüber will ich aber nicht sprechen

MARINA

Mein Name ist Marina. Ich bin 26 Jahre alt.

Ich stamme aus Laos und lebe seit 10 Jahren in Thailand.

Ich habe 4 Schwestern. Als ich – als „Nachzügler" – zur Welt kam, waren meine Eltern überglücklich, dass nun endlich ein Junge in der Familie war.

Im Alter von 6 Jahren hatte ich großen Ärger mit zwei Jungen aus der Nachbarschaft, und der Streit endete in einer Prügelei. Von diesem Tag an habe ich nur noch mit Mädchen gespielt. Um auszusehen wie meine Spielkameradinnen, begann ich, die abgelegten Kleider meiner Schwestern anzuprobieren.

Keines meiner Schwestern besaß eine Puppe oder ein anderes Spielzeug, dafür war unsere Familie zu arm. Wir haben täglich am Wasser mit Erde und Steinen gespielt. Ich ließ mir die Haare lang wachsen, um meinen Freundinnen noch ähnlicher zu werden.

In Laos gab es damals nur eine Schulpflicht von 5 Jahren. Ich musste aber – wegen des weiten Schulweges – nur 2 Jahre lang die Schule besuchen. Darüber hinaus herrschte Lehrermangel, so dass ich in diesen beiden Jahren nur an jedem zweiten Tag Unterricht hatte.

Mit 10 Jahren verließ ich mein Elternhaus, um meiner Schwester zu helfen, die in der Stadt als Haushälterin eine Anstellung gefunden hatte. Mit ihr blieb ich vier Jahre lang zusammen, obwohl ich dabei kein eigenes Geld verdient habe. Als Dankeschön hat mir die Eigentümerin des Hauses Lesen und Schreiben beigebracht. Später eröffnete meine Schwester in unserem Dorf einen Beauty-Salon, und ich konnte dort für 8000 Baht/Monat (ca. 210 EUR) drei Jahre lang arbeiten. Dabei habe ich vieles über Kosmetik gelernt.

Übrigens spreche ich (wie viele Laoten) besser Englisch als die meisten Thailänder. Auch hier hat mir die freundliche Dame beim Lernen geholfen.

Im Alter von 15 Jahren begann ich, Hormone einzunehmen -, Tabletten aus Vietnam. Ich habe sie aber wieder abgesetzt, denn ich litt zu sehr unter den Nebenwirkungen wie Schwindel, Erbrechen etc.

Schon bald wurde mir meine dörfliche Heimat zu eng. So beschloss ich im Alter von 17 Jahren zusammen mit einer Nachbarin, nach Thailand zu fahren, um dort mit einer Garküche Geld zu verdienen.

Da weder ich noch meine Nachbarin einen Pass besaßen, blieb uns nur die Möglichkeit der illegalen Einreise. Der durchaus übliche Weg, um aus Laos nach Thailand zu gelangen: Nachts mit einem Lastkahn über den Mekong Fluss.

Die Kosten für den Schlepper - 3000 Baht pro Person (80 EUR) – mussten wir in den nachfolgenden 6 Monaten abarbeiten. Von der Garküche konnten wir bescheiden leben, darüber hinaus habe ich jeden Monat 500 Baht an meine Familie nach Laos gesandt.

Nachdem ich schuldenfrei war, arbeitete ich illegal in Bangkok für 160 EUR monatlich in einem Beauty-Salon. So habe ich gelernt, wie man Männern die Haare schneidet. Mein Monatsgehalt reichte aber nicht zum Leben, und damit konnte ich auch meine Familie nicht unterstützen. Also landete ich schließlich beim gleichen Job, wie Tausende Frauen und Ladyboys vor mir: In der Sexbranche in Pattaya.

Zwei Jahre wollte ich im Rotlicht-Milieu arbeiten, und danach wieder zurückkehren zum Friseur-Beruf. In dieser Zeit als Ladyboy in der Walking-Street habe ich tatsächlich so viel Geld verdient, dass ich mir Silikon-Brüste leisten konnte, und auch eine Nasenoperation. (Für uns Asiaten sind die Europäer mit ihren schmalen Nasen das Schönheitsideal. So wollte auch ich aussehen).

Im vorigen Jahr ging ich wieder für zwei Wochen zurück nach Laos – wieder des Nachts über den Mekong -, da meine Mutter schwer erkrankt war. Kurz danach starb sie. Einen laotischen Pass habe ich inzwischen beantragt, so dass ich hoffe, bald legal in Thailand leben zu können.

Für uns Kathoey ist das Leben schwierig in Laos. Wir werden dort nicht respektiert, sondern wie (als Frauen verkleidete) „Clowns“ behandelt. In unserem Dorf gab es außer mir noch zwei weitere Ladyboys. Auch sie waren dem Spott der Bewohner ausgesetzt.

Einmal pro Woche besuchen Buddhisten ihre Tempel, abhängig von den Mond-Phasen. Strikter noch als in Thailand ist in Laos den Kathoey der Zutritt zum Tempel untersagt. Wenn ein Mann in Frauenkleidung einen Tempel betritt, kann daraus ein großer Skandal entstehen. Schon daran erkennt man, dass im konservativen Laos das Leben für Transgender schwierig ist. Ich möchte aber trotzdem eines Tages in meine Heimat zurückkehren und ein einfaches Leben auf dem Lande führen. Was mir noch fehlt, ist eine Geschlechtsumwandlung durch Operation, damit ich mich wirklich als Frau fühlen kann und überhaupt Heiratschancen in Laos habe.

Meine Schwestern akzeptierten mich von Kindheit an und haben sich nie kritisch dazu geäußert, dass ich mich zum Kathoey gewandelt habe. Dabei sind in meiner Heimat tolerante Menschen eher die Ausnahme. Alle vier Schwestern haben inzwischen selbst Familien und teilweise Kinder.

Ich bin noch an Thailand gebunden, muss Geld verdienen, in welcher Branche auch immer. Dann kann ich nach Laos in die Geborgenheit meiner Familie zurückkehren. Diese ist zwar sehr arm, lebt aber in einer intakten Welt, in einem bürgerlichen, bodenständigen Ambiente. Dort bin ich jederzeit willkommen und werde von allen wertgeschätzt. Das ist für mich eine wunderschöne Erfahrung, denn ich fühle mich als Kathoey wie eine „Exotin“ inmitten unserer Familie.

MEL

Mein Name ist Mel, ich bin 26 Jahre alt.

Im Alter von 10 Jahren habe ich zum ersten Mal gemerkt, dass ich kein „normaler" Junge war. Denn ich verliebte mich in einen Mitschüler und wünschte mir nichts so sehr, als ein Mädchen zu sein. Meine Liebe wurde von dem gleichaltrigen Jungen natürlich nicht erwidert.

Als ich meinen Eltern alles beichtete, fand das mein Vater gar nicht gut. Meine Mutter lachte über meinen Liebeskummer. Von diesem Tag an beschloss ich, meine Gefühle als mein Geheimnis zu betrachten. Niemand sollte erfahren, was in mir vorgeht.

Es war nicht leicht, die ganzen Jahre über zu schweigen, wenn man sich mit anderen austauschen möchte. Aber heute bin ich froh, dass ich mich erst im Alter von 20 Jahren geoutet habe. Da-durch konnte ich viele Probleme in meiner Kindheit und Jugend vermeiden.

Die Schule besuchte ich bis zum 20 Lebensjahr, danach habe ich sechs Jahre lang an einer Sonntagsschule studiert. Heute arbeite ich in einem Beauty-Spa-Center.

Eines Tages möchte ich mein eigenes Schönheits- und Nagelstudio aufmachen.

Meine schönste Beschäftigung besteht darin, mit dem Kopfhörer spazieren zu gehen, am liebsten immer entlang den Klongs, den Kanälen in Bangkok. Mich von der Welt abzukoppeln und nicht auf den Weg zu achten -, das genieße ich.

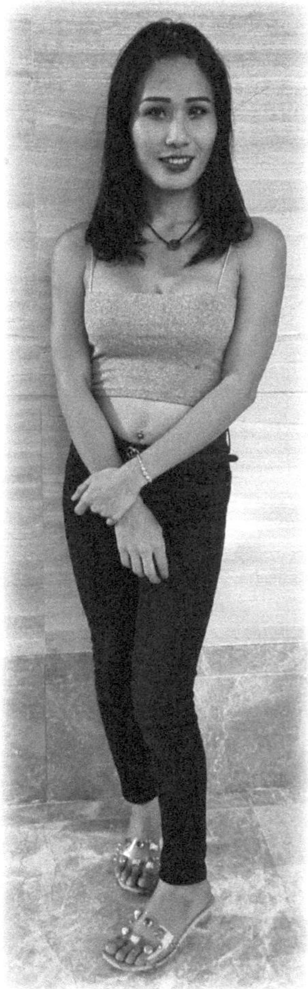

Glücklich macht mich auch, wenn ich meiner Familie (Vater, Bruder, Schwester) helfen. Denn ich verdiene gut, so dass ich monatlich mit einem Teil meines Gehalts die Familie unterstützen kann.

Das Traurigste in meinem Leben war, als meine Mutter starb und ich vor ihrem Tod nicht mit ihr sprechen konnte. Denn ich war mit meiner Schulklasse zwei Wochen zum Kampieren auf dem Land, und dort gab es keine Verbindung zur Außenwelt. Meine Mutter starb völlig überraschend in Bangkok. Als ich zurückkam, war die Bestattungszeremonie – die Verbrennung des Leichnams - bereits abgeschlossen.

Zurzeit lebe ich allein, ohne Partner, und wünsche mir auch bis auf weiteres keinen Lebensgefährten. Denn mein letzter Freund hatte meine Familie schamlos ausgenutzt. Meine Mutter hatte sich um seine Kinder gekümmert und ihn finanziell unterstützt.

Aber diese Beziehung endete mit einer großen Enttäuschung.

WINHAN

Mein Name ist Winhan. Ich bin 25 Jahre alt. Ich habe eine Schwester und einen Bruder.

Geboren wurde ich im Chiang Rai im Dreiländer-Eck Thailand/Laos/Myanmar, im äußersten Norden Thailands.

Noch vor 10 Jahren bestand innerhalb Thailands ein starkes Bildungs- und Informationsgefälle zwischen Nord und Süd, auch zwischen Stadt und Land. Durch das Internet und die Sozialen Medien ist dieser Unterschied ausgeglichen. Das heißt, die jungen Leute des Nordens sind mit ihren Handys und Computern heute auf dem gleichen Wissensstand wie etwa die Jugend von Bangkok.

Im konservativen, streng buddhistischen Norden Thailands war es vor der „Kulturrevolution" durch das Internet praktisch undenkbar, sich als Transgender zu outen. Ich wurde in diese Gesellschaft hineingeboren und war bis zum Alter von 15 Jahren ein „normaler" Junge, der ein Mädchen aus der Nachbarschaft als Freundin hatte.

Mit 16 erschrak ich über mich selbst: Ich hatte mich in einen gleichaltrigen Jungen verliebt. Und meine Liebe wurde erwidert!

Aufgeklärt und ermutigt durch „Instagram“ und „YouTube“, wagten mein neuer Freund und ich, unsere Gefühle offen zu zeigen und schlenderten händehaltend über den Schulhof. Wir merkten aber sehr schnell, dass wir in Nordthailand waren und damit Tabus brachen, auch religiöse.

In den nachfolgenden Monaten wurden wir mit Spott und Häme überzogen, und bald zerbrach unsere Beziehung.

Diese Freundschaft war für mein Leben entscheidend. Denn mir wurde nicht nur klar, dass mein Partner männlich sein musste. Ich merkte auch, dass ich mich nicht als Gay fühlte, sondern mir in einer Beziehung der weibliche Part zukommt. Damit stand für mich fest: Ich bin ein Kathoey.

In den fünf Jahren bis zum 20. Lebensjahr wandelte ich mich allmählich zum Ladyboy. Ich ließ die Haare wachsen, fing vorsichtig an, feminine Kleidung zu tragen und mich zu schminken. Am Ende – 20jährig – „krönte“ ich meine Metamorphose durch die Einnahme von Hormonen, damit mein Körper weibliche Formen annimmt.

Durch Selbstkontrolle und Disziplin versuchte ich, Kritik aus meiner Umgebung erst gar nicht aufkommen zu lassen. Wir Ladyboys müssen immer etwas besser sein, mehr Leistung bringen als andere, damit man uns wertschätzt. So hatte ich in meiner Klasse die besten Noten, und in meiner Familie verhielt ich mich vorbildlich. Ich war ein „guter Junge“, angepasst, von allen geschätzt und geliebt. Damit ging ich allen Problemen aus dem Weg.

Ich bin gerne Kathoey, d.h. ich identifiziere mich mit meiner Zugehörigkeit zum „3. Geschlecht“. Eine Geschlechtsumwandlung - um ganz zur Frau zu werden - kommt für mich nicht in Frage.

Andererseits bin ich unglücklich darüber, dass meine Gene und weiblichen Hormone mich zum Kathoey bestimmt haben. Wir Transgender werden oft diskriminiert, nicht selten in Verbindung mit dem „Sexbusiness“ gebracht. Tatsächlich behaupten manche Ladyboys, dass sie Arbeit nur im Rotlichtbezirk von Bangkok und Pattaya finden.

Das Internet hat uns sehr geholfen, Vorurteile zu überwinden. Während in meiner Schulzeit Kathoey fast immer beleidigt, verspottet und oft auch geschlagen wurden, ist die Gesellschaft heute toleranter. Das liegt auch daran, dass die Zahl der Transgender in Thailand ständig steigt. Selbst in den Nordprovinzen Chiang Rai und Chiang Mai, die immer sehr konservativ und rückständig waren, begegnet man heute immer mehr jungen Männern, die sich offen als Ladyboy präsentieren, durch ihre Kleidung, durch ihr Verhalten und Auftreten in der Öffentlichkeit.

Ich bin froh, dass Thailand sozusagen in der heutigen Zeit angekommen ist. Einmalig in Asien ist, dass ab 2022 Kathoey Maenner heiraten können. Hoffentlich kommt das auch mir eines Tages zugute.

Eine offene Gesellschaft -, davon konnte ich vor 10 Jahren nur träumen. Ich will nicht daran denken, wie oft ich als Kind geweint habe. Dass ich immer allein war, keine Freunde hatte. Und dass mein Leben in der Familie nur durch strenge Selbstkontrolle zu ertragen war: Durch Schweigen und Verbergen.

MONLY

Mein Name ist Monly, ich bin 26 Jahre alt.

Meine Familie stammt aus Yala im äußersten Süden Thailands. Wir waren in der Familie zwei Jungen und zwei Mädchen, ich war das jüngste Kind.

Dort, wo Thailand ganz schmal ist – Landdurchmesser teilweise unter 10 km -, beginnt der Einfluss des Islam. Im Süden Thailands bis zur malaysischen Grenze sind die Menschen islamisch. Das bedeutet, dass Kathoey hier stärker diskriminiert werden als etwa in Bangkok und oft Zielscheibe von Spott und Aggression sind.

Ich wollte bereits von frühester Kindheit an ein Mädchen sein. Im Alter von 6 Jahren nahm ich allen Mut zusammen und wagte mich mit dem Rock meiner Schwester in den Unterricht -, mit schlimmen Folgen: Nicht nur der Lehrer setzte mich umgehend an die frische Luft. Von nun an galt ich als „pervers“, musste mich in die hinterste Bank setzen und an der Schule mich gegen einen denkbar schlechten Ruf wehren.

In der Pubertät habe ich viel mit meinem großen Bruder gestritten. Er schämte sich, dass ein Ladyboy in der Familie war und wollte mich umerziehen. Puppen waren für mich ohnehin tabu. Unsere Nachbarn - strenggläubige Muslime - verboten ihren Kindern sogar, mit mir zu spielen. Verpönt war auch, wenn man sich als Junge die Haare wachsen ließ. Ich war klug genug, mich daran zu halten. Da mir aber lange Haare gefielen, trug ich außerhalb der Schule manchmal eine Perücke.

Eigentlich war ich als Junge „verpflichtet“, Fußball zu spielen –, mir aber gefiel Seilspringen mit Freundinnen mehr. Wenn mein Vater davon erfuhr, schrie er mich an und verbot mir Mädchenspiele. Mein vier Jahre älterer Bruder zog mich öfter an den Haaren und schlug mich mit dem Badminton- und Baseball-Schläger. Er hoffte, dass ich mit reichlich Prügel das Haus freiwillig verlassen würde und nicht weiterhin Schande über die Familie bringe. Meine Mutter hingegen hielt sich zurück und wies, um den familiären Frieden nicht zu gefährden, meinen aggressiven Bruder nicht zurecht.

Im Islam werden die Mädchen im Alter von 7 bis 8 Jahren verschleiert, ob sie wollen oder nicht. Als Frau wäre mir das auch passiert. Doch für einen Kathoey, der sich „nur“ als Frau fühlt, besteht die Verpflichtung natürlich nicht. Was diese islamische Sitte betrifft – zwangsweise Verschleierung –

so hatte ich also Glück, dass ich offiziell als Mann gelte. Es gibt auch keine Möglichkeit, sein Geschlecht im Pass zu verändern.

Im Süden Thailands ist inzwischen einiges besser geworden. Kinder und Jugendliche sind durchs Internet aufgeklärt und toleranter, und sie orientieren sich zum Glück nicht mehr an den archaischen, oft diskriminierenden Regeln und Vorschriften, mit denen die Eltern sie erzogen hatten.

Heute vertreten fortschrittliche Muslime die Meinung, dass man als Mann mit einem Kathoey zusammenleben kann, wenn diese Person einen „guten Charakter“ habe. Ein Teil der älteren Generation in Südthailand jedoch empfindet nach wie vor Verachtung, ja Abscheu gegenüber den Ladyboys. Und diese Menschen - meist religiöse Muslime - bringen ihre Abneigung nicht selten offen zum Ausdruck.

Es ist leider heute noch so: Ein Leben als Kathoey ist im Süden Thailands ist schwerer zu ertragen als in anderen Teilen das Landes. Als Transgender in der islamischen Gesellschaft hat man immer das Gefühl, zwischen allen Stühlen zu sitzen und ständig alles falsch zu machen.

Mit 16 bin ich von zuhause ausgezogen und habe selbst Geld verdient. Ich wohnte zwei Jahre im Studentenwohnheim. Als erstes gab ich mir den Namen „Monly". (In Wirklichkeit habe ich einen männlichen Vornamen: Mon). Mit 18 – nach Abschluss der High School – ging ich nach Bangkok, um dort.

Heute habe ich ein gutes Verhältnis zu meiner Familie, obwohl ich nicht vergessen kann, was mir jeder einzelne angetan hat und wie sehr ich als Kind gelitten habe.

Meine Mutter verstarb 2021; die Beerdigung war für mich der Anlass, mich mit allen zu versöhnen. Überhaupt versuche ich, anderen gegenüber mit jener Toleranz zu begegnen, die ich als Kind und Jugendlicher so sehr vermisst habe. Im Buddhismus ist der Grundsatz, andere zu respektieren, tief in der Religion verankert. Der Islam jedoch neigt nach meiner Erfahrung dazu, Menschen aufgrund deren individuellen, non-konformen Verhaltens zu verurteilen.

Ich bin heute als Reiseführerin von der Stadt Bangkok angestellt und sehr stolz darauf, dass ich mich aus der religiösen Umklammerung des Südens befreien konnte.

Ich denke, wir Kathoey müssen Vorbild für andere sein, denn wir werden stärker von der Gesellschaft beobachtet und kritischer beurteilt als andere Thailänder, Auch wenn wir Transgender manchmal etwas ungewöhnlich aussehen oder wenn wir mit unserer Kleidung provozieren, so sollte man Menschen nach ihrem Charakter beurteilen, nicht nach ihrem äußeren Erscheinungsbild.

AIDA

Mein Name ist Aida. Ich bin 25 Jahre alt und habe eine jüngere Schwester.

In Thailand gibt es immer mehr Familien, in denen sich ein Junge als Kathoey outet. Nach meiner Einschätzung empfinden dies 80% der Eltern als Schande, nur 20% zeigen sich tolerant. So war auch in meiner Familie „Weltuntergangs- Stimmung“, als ich im Alter von 8 Jahren verkündete, dass ich mich als Mädchen fühle.

Väter wünschen sich oftmals „Stammhalter“ und sind sehr enttäuscht, wenn die Zukunft der Familie in Gefahr gerät.

Denn in Thailand wird von den Kindern erwartet, dass sie für die Eltern sorgen, wenn diese krank werden oder in Pension gehen. Kaum jemand ist unserem Land sozialversichert. Oft sind es die männlichen Nachkommen, die später mit ihrem Einkommen ein bescheidenes Auskommen ihrer alten Eltern sichern müssen. Sonst bleibt in Thailand nur der Weg in den Tempel. Dort geben die Mönche Nahrungsmittel und Essen aus, damit die Ärmsten nicht verhungern.

Mein Vater hatte lange Zeit mit mir gehadert, ein Jahr lang nicht mit mir gesprochen. Doch im Lauf der Zeit hat er sich damit abgefunden, dass er nun drei Frauen im Haus hat.

An der Schule hatte ich weniger Probleme, da ich sehr hübsch bin und ein (kräftiger) Junge mein Beschützer war. So wagten die anderen nicht, mich zu belästigen oder anzugreifen. Es gab versteckte Gemeinheiten -, ich wurde heimlich geboxt, vom Fahrrad geschubst, und es wurden über mich immer wieder Gerüchte verbreitet.

Später hatte ich Glück. Ich lernte im Alter von 20 Jahren einen Engländer kennen, der sich um mich kümmerte und alles tat, damit mein Leben als Transgender erträglich wird und ich gleichberechtigt behandelt werde. Ich bin ihm heute sehr dankbar, dass er mir eine komplette Geschlechtsumwandlung bezahlt hat. Jetzt bin ich also eine richtige Frau. Nachteil: Ich kann keine Kinder zeugen und muss lebenslänglich Hormontabletten nehmen.

Ein Problem ist mir geblieben, nachdem mir mein englischer Freund untreu geworden ist und wir uns trennten. Er war großer Fan von Tattoos und verleitete mich dazu, dass ich mir auf der Stirn und im Halsbereich großflächige Tattoos stechen ließ.

Leider sind diese unübersehbar; ich kann sie weder abdecken, noch werden sie jemals wieder verschwinden. Sie sind farbig und zu tief in der Haut. Eine „Jugendsünde", die meine Chancen, einen „normalen" Mann zu finden, erheblich schmälern.

So bleibt mir nur die Hoffnung, dass ich einen Lebensgefährten finden werde, der ebenfalls Tattoos mag und darüber hinaus auch noch mich liebt.

Ich denke, ich bin eine außergewöhnlich liebenswerte und gefühlvolle Frau und verdiene einen Ehemann oder Partner, der gut zu mir ist.

Mehr erwarte ich nicht vom Leben.

CHERRY (2)

Mein Name ist Cherry. Ich bin 25 Jahre alt.

Ich bin in einer ländlichen Gegend aufgewachsen, in der es nur Reisfelder gibt. Erst vor kurzem bin ich nach Bangkok gezogen, da ich dort bessere Berufschancen sehe.

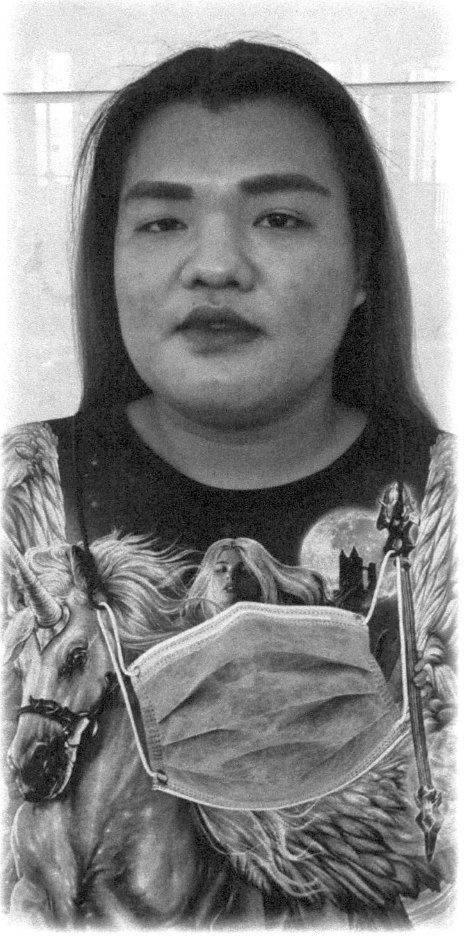

Meine Großmutter ist Chinesin. Die Thailänder haben sich im Verlauf der Jahrhunderte mit vielen Nachbarvölkern vermischt. Durch das friedliche Zusammenleben gibt es bei uns heute weniger Rassendiskriminierung als in anderen Ländern. Vorurteile bestehen - trotz angeblicher Toleranz des Buddhismus - nach wie vor gegenüber Kathoey, insbesondere in den ländlichen Gebieten.

Im Alter von 8 Jahren habe ich herausgefunden, dass ich eigentlich kein richtiger Junge war. Denn ich wollte nur mit Mädchen spielen und liebte Puppen über alles. Als Kind durfte ich die Haare nicht lang wachsen lassen, und an unserer Schule musste ich Jungenuniform tragen.

Da ich etwas pummelig war, habe ich in der Schule viel gelitten. Von Anfang an galt ich als Ladyboy, vielleicht wegen meiner femininen Art, und so wurde ich ständig zum Gespött meiner Mitschüler.

Nachdem ich 9 Jahre die Grundschule besucht hatte, arbeite ich heute bei einem Lieferdienst für Essen. Der Job ist anstrengend, ich bin 6 Tage in der Woche mit dem Moped in Bangkok unterwegs.

Schon sehr früh fühlte ich mich zu Männern hingezogen. Vor zwei Jahren lerne ich meinen ersten Freund kennen -, ich war von Anfang an in ihn verliebt.

Er ist heute 20, aber es wird wohl zur Trennung kommen. Er empfind et nur noch wenig für mich und lässt sich immer mehr gehen. Auch leide ich sehr unter seiner Untreue. Ich bin aber nicht sicher, ob ich ein Leben in Einsamkeit – ohne meinen geliebten Freund – ertragen könnte.

Mein größtes Glück ist, dass meine Eltern mich so akzeptieren und lieben wie ich bin. Aus Erfahrung weiß ich, dass viele Ladyboys große Probleme in ihrer Familie haben, besonders mit ihrem Vater.

LIJDIA

Ich heiße Lijdia und bin Laotin. In ein paar Tagen ist mein 30. Geburtstag.

Ich habe zwei ältere Brüder und zwei jüngere Schwestern. Meine Mutter sagte, ich hätte mich schon als Baby gewehrt, dass aus mir ein Junge wird. Spielzeug, über das sich kleine Jungs riesig freuen, habe ich verweigert. Ich wuchs nur mit Puppen auf, die ich von meinen kleinen Schwestern geliehen oder ihnen weggenommen hatte. Meine Mutter ließ mich gewähren...

Mit 13 Jahren nahm ich Hormone ein, die ich aber aufgrund von Nebenwirkungen nach einem Jahr absetzen musste. Mein Vater sah sich meine Entwicklung eine Zeitlang an. Als ich 15 Jahre alt war, platzte ihm der Kragen und er schrie mich an, dass ich eine Schande für die Familie sei. Ich solle sofort aus dem Haus verschwinden.

Ich kam zum Glück bei einer Freundin unter und versuchte, einen Job zu finden. Bald musste ich feststellen, dass in unserer laotischen Kleinstadt Transgender wie „Aussätzige" behandelt wurden. Auf Suche nach Arbeit gab es nur eine Chance für mich: Ich musste mich als Mann bewerben. Tatsächlich hatte ich Glück und wurde von einer Kleiderfabrik als Näher eingestellt. Es war eine harte, schlecht bezahlte Arbeit, 10 Stunden am Tag.

Gleichzeitig wurde die Sehnsucht nach meiner Familie immer unerträglicher. Ein Jahr nach der Trennung nahm ich meinen ganzen Mut zusammen und klopfte an die Haustür meiner Lieben. Es war der laotische Nationalfeiertag -, ich hatte mich besonders hübsch gemacht und auch Makeup aufgetragen.

Meine Familie begrüßte mich stürmisch. Doch als mein Vater zur Tür kam, verstummten alle. Ich ahnte ich Schlimmes. Er sah mein Makeup und holte mit der Hand aus, um mich zu ohrfeigen. Meine Mutter konnte ihn gerade noch zurückhalten, aber für mich stand fest: Ich hatte meine Familie verloren.

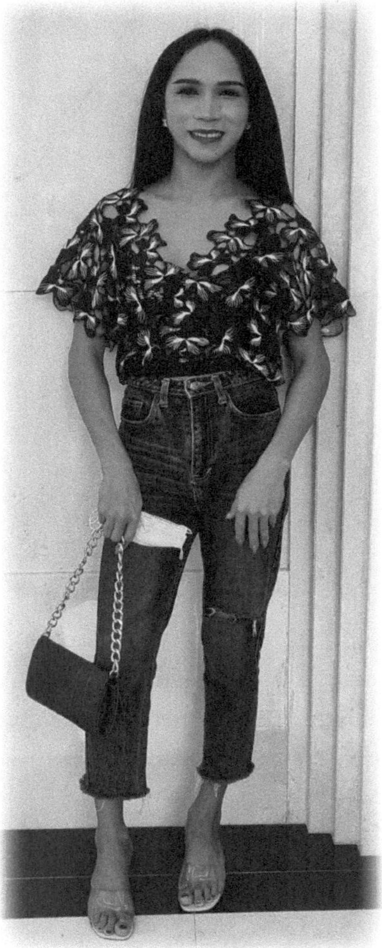

Es folgten die schwierigsten Jahre meines Lebens. Ich versuchte mein Glück in Thailand, da man dort als Arbeiter mehr verdient. Wenn man jedoch - wie in meinem Fall wegen fehlender Papiere - zur Schwarzarbeit gezwungen ist, wird man ausgebeutet.

Keinerlei Rechte hat man als Transgender, so war es jedenfalls in der damaligen Zeit im ländlichen Thailand. Das musste ich bitter erfahren, als ich drei Jahre lang in einer Fabrik für T-Shirts arbeitete. Zunächst war alles gut. Ich hatte auch einen thailändischen Freund, der mich liebte und beschützte. Doch im dritten Jahr brach wegen Covid der Umsatz des Unternehmens ein, die Geschäfte liefen schlecht. Irgendwann kam das Gerücht auf, dass der laotische Ladyboy – ich - Unglück über die Fabrik bringe. Schuld sei mein Lebenswandel, und ich solle sofort die Fabrik verlassen.

Um ihrer Forderung Nachdruck zu verleihen, lockten mich Arbeitskollegen abends nach Feierabend in eine Falle. Sie wollten Rache an mir nehmen, weil die Firma kurz vor der Pleite stand und ihr Arbeitsplatz in Gefahr war. Vier Männer schlugen mich, zogen mich aus und vergewaltigten mich, einer nach dem andern. Sie wussten genau, dass ein laotischer Kathoey – noch dazu ein Schwarzarbeiter – völlig schutz- und rechtlos war, sozusagen „vogelfrei".

Zum Glück nahm mich die Familie meines Freundes auf und vermittelte mir auch einen Job. Seitdem arbeite ich in Chinatown, verkaufe dort Puppen. Ich verdiene wenig - im Schnitt 10 Euro pro Tag -, aber ich mache die Arbeit gerne. Sie erinnert mich an meine Kindheit.

Meine Familie wird von mir unterstützt, wie es in Laos und Thailand Tradition ist. Vor drei Jahren musste ich allerdings die Überweisungen für einige Monate unterbrechen, um das Geld für eine Brustoperation zurückzulegen. Meine Familie zeigte dafür Verständnis.

Eigentlich bin ich mit meinem Leben zufrieden. Ich möchte aber irgendwann zurück In meine Heimat und in Laos einen kleinen Laden eröffnen. Das wünsche ich mir sehnlichst.

EMMY

Ich heiße Emmy, bin 25 Jahre alt.

Soweit ich mich zurückbesinnen kann, wollte ich schon als Kleinkind ein Mädchen sein und weigerte mich, mit den Jungen zu sprechen und zu spielen.

Der Taekwondo-Sport war mei-ne große Leidenschaft. Im Alter von 10 Jahren begann ich bereits zu trainieren und schaffte es bis zum Schwarzen Gürtel. Ich durfte Thailand vertreten auf den ASEAN-Spielen in Malaysia und Singapur, wobei meine Gegner immer Männer waren.

Ein Unfall mit 15 zwang mich, den Sport zu beenden. Dieses Ereignis nahm meine Familie zum Anlass, um über meine Zukunft zu beraten. Es wurde eine Familienversammlung einberufen, und alle erreichbaren Verwandten waren anwesend. Dann wurde ich gefragt, was ich denn in Zukunft sein möchte: Junge oder Mädchen.

Ich sagte: „Ein Mädchen" -, und mein Vater brach in Tränen aus.

Ein Argument überzeugte alle: Im Alter von 15 Jahren war ich eine wunderschöne Frau, meine Haut war makellos, ein hellbrauner, glatter Teint. So war meine Familie einverstanden, dass aus mir ein Kathoey wird.

Beeindruckt war auch die Jury bei einem Beauty-Contest in Bangkok. Dort gewann ich mit 17 Jahren den 2. Preis. Im Übrigen kann ich gut tanzen und trat in Kabarett-Shows als Gogo - Tänzerin auf.

Ich bin eigentlich Make-up-Artistin, und in diesem Beruf habe ich mir schon einen Namen erarbeitet. Bei großen Show-Events werde ich oft engagiert, um die Künstler zu schminken. Daher weiß ich, dass ich als Kosmetikerin großes Talent habe und sehr kreativ bin. Mit den Extra-Einnahmen kann ich meine arbeitslosen Eltern unterstützen. Das macht mich sehr glücklich.

Rückblickend stelle ich fest, dass ich bisher deswegen als Kathoey relativ gut durchs Leben kam, weil ich an der Schule der Klassenbeste war, und im Beruf sehr erfolgreich. So hielten sich die Konflikte in meiner Familie und die Probleme mit meiner Umgebung in Grenzen.

Mein Selbstvertrauen wurde natürlich durch die Misswahl gestärkt, so dass ich mich als Ladyboy immer gut behaupten konnte.

Auch privat hatte ich Glück: 5 Jahre lebte ich mit einem thailändischen Mann zusammen, seit 3 Jahren habe ich einen Engländer als Lebensgefährten. Sorge bereitet mir nur, wenn ich mich frage:

Wie sehe ich in 10 Jahren aus?

CHERRY (3)

Ich heiße Cherry, bin 25 Jahre alt.

Ich bin auf den Philippinen geboren und lebe seit einigen Jahren in Thailand. Die Philippinen sind zwar ein katholisches Land, aber dort leben (was kaum jemand weiß) hunderttausende Ladyboys. Und es werden täglich mehr.

Die Thailänder sind für ihre Toleranz bekannt, das kann man von den Philippinen nicht behaupten. Wenn sich dort ein Junge als Ladyboy outet, so reagieren die Familien oft panisch. Er wird drangsaliert, stigmatisiert, wie aus Aussätziger behandelt, und natürlich umerzogen.

Ich selbst habe jedenfalls als Kind ein ganzes Arsenal von Strafen kennengelernt, nachdem ich mich mit 7 Jahren in einen Nachbarjungen verliebt hatte und dies nicht verbergen konnte.

- Ich erhielt kein Essen, wurde geschlagen

- Meine Haare wurden kurz geschnitten, der Kopf glattrasiert

- Ich musste eine Stunde lang auf einem Stein knien

- Mein Kopf wurde in die WC-Schüssel getaucht

- Alle möglichen Gegenstände warf man nach mir, vom Fußabstreifer bis zu Küchenabfällen.

Als mein Vater starb, ging die Leidenszeit weiter, denn mein Onkel übernahm die Züchtigung.

Ich habe mich eigentlich nie als Junge gefühlt. Sport habe ich gehasst, ich beschäftigte mich lieber zuhause mit Handarbeiten und half meiner Mutter beim Kochen. Das Sauberhalten und die Pflege unserer Wohnung war mein Hobby.

Der gleichaltrige Sohn meines Nachbarn war mein einziger Freund. Ich erinnere mich, dass wir mit wachsender Begeisterung „Vater und Mutter" spielten, wobei ich die Mutterrolle übernahm. Unsere Freundschaft war immer von großer Zuneigung geprägt.

Doch irgendwann bemerkte ich, dass ich begann, zärtliche Gefühle für meinen Freund zu entwickeln. Bei unseren Spielen berührten wir uns hin und wieder gegenseitig, und dabei spürte ich schon als kleiner Junge eine erotische Spannung.

Es ist erstaunlich:

Die Freundschaft mit meinem Spielgefährten besteht noch immer, 18 Jahre später. Fast könnte ich sagen, die gegenseitige Verliebtheit hält bis heute an, obwohl wir schon lange getrennt sind. Wenn wir uns in Manila treffen, sprechen wir oft über die unvergesslichen gemeinsamen Stunden als „Mann und Frau".

Die Rollenspiele mit meinem Freund nährten in mir bereits als Kind erste Zweifel, ob ich denn als Junge geboren wurde. Letztlich ließ ich mich von meinen Gefühlen lenken und leiten, und all die Strafen - schmerzhaft und schmachvoll - konnten mich nicht von meinem Weg abbringen, am Ende doch zum Kathoey zu werden.

Mit 12 Jahren testete ich das Makeup meiner Schwester und probierte heimlich ihre Kleider an. Acht Jahre später kam ich bei einem Schönheitswettbewerb in meiner Kleinstadt auf Platz 6 unter 40 Teilnehmern. Dies schenkte mir Selbstvertrauen, so dass ich von diesem Tag an die Diskriminierung als Transgender, die man auf den Philippinen täglich erfährt, besser ertragen konnte.

Mein größter Fehler war, dass ich vor einigen Jahren einem Holländer vertraut hatte, der mein Freund war und mich regelmäßig unterstützt hat. Als „Gegenleistung" bat er mich eines Tages, ein Sex-Video aufzunehmen.

Was ich nicht ahnte: Er stellte den Film ins Internet –, mit diesem Geschäftsmodell lässt sich wohl gutes Geld verdienen. Peinlich genug für mich, aber es kam schlimmer -, der „Worst Case" trat ein: Mein Bruder sah das Video im Web.

Nun ist das Verhältnis zu meiner Familie gänzlich zerrüttet, und ich weiß nicht, ob ich jemals wieder nach Manila zurückkommen kann.

ATOM

Mein Name ist Atom, ich bin 20 Jahre alt.

Ich studiere Humanbiologie im 2. Jahr an der Universität in Bangkok. Meine Eltern leben getrennt, daher bin ich bei meiner Großmutter aufgewachsen. Ich habe keine Geschwister.

Seitdem ich denken kann, hatte ich den Wunsch, eine Frau zu sein. Von der Einschulung bis zur 6. Klasse habe ich aber niemand von meinen geheimen Sehnsüchten erzählt. Deshalb sind mir Konflikte weitgehend erspart geblieben.

Mit Verwunderung habe ich beobachtet, dass sich in den letzten Jahren immer mehr Jungens zum Kathoey wandeln. Als ich von der 7. bis zur 12. Klasse die High School in Bangkok in Chinatown besuchte, waren dort unter 3000 Schülern mindestens 150 Schüler, die sich als Transgender bezeichneten. Das Umfeld – zumindest an der High School und der Universität in Bangkok – hat sich also in den letzten 5 Jahren grundlegend gewandelt. Heute ist es meist kein gesellschaftliches Risiko mehr, wenn man sich zum 3. Geschlecht bekennt. Thailand ist toleranter geworden. Dies trifft zumindest auf Bangkok und die größeren Städte zu.

So musste ich zwar an der High School vorschriftsgemäß Hosen und kurze Haare tragen. Es war eine private Schule nur für Jungen. An die Schulregeln habe ich mich immer gehalten. Aber der neue Zeitgeist in Thailand erlaubte mir, während meiner ganzen Schulzeit offen auszusprechen:

Ich bin ein Transgender.

Im Alter von 13 Jahren begann ich, Hormone einzunehmen. Die meisten Ladyboys schlucken Antibaby-Pillen, um fraulicher zu werden. Nach einiger Zeit zeigen sich körperliche Veränderungen, u.a.

- Die Haut wird glatter, das Gesicht wird schöner, der Körper weiblicher.

- Der Bartwuchs stoppt.

- Die Brüste beginnen zaghaft größer zu werden. Erfreulicher Effekt: Beim Absetzen der Hormone bildet sich die Brust oftmals nicht mehr zurück)

- Die Stimme wird heller. Bei oder nach einer Hormonbehandlung klingt sie oft stimmbruch-artig. Daran kann man meist erkennen, ob der/die Gesprächspartner/in eine „echte" Frau ist oder ein Kathoey.

Manche Kathoey vertragen Hormontabletten nicht, im Übrigen sind sie gesundheitsschädlich, wenn sie lange Zeit eingenommen werden. Ein Problem für Transgender nach einer Geschlechtsumwandlung. Sie brauchen lebenslänglich Hormone.

Um die Nebenwirkungen der Hormonbehandlung zu vermeiden, habe ich während meiner Studienzeit meine Brüste mit Silikon vergrößern lassen und konnte daher auf Hormone verzichten.

An der Universität wird man heute nicht mehr nach seinem (wahren) Geschlecht gefragt. Fast alle meine Kommilitonen sehen mich als Frau. Nur wenige wissen, dass ich Transgender bin, da ich grundsätzlich geschminkt und in Frauenkleidung zur Vorlesung komme. Etwas nervös bin ich, wenn ich an den Sommer des kommenden Jahres denke. Dann nehme ich in einer feierlichen Zeremonie das Abschlussdiplom der Universität entgegen. Dabei sollte ich in Hosen erscheinen, denn dort wird mein Name laut vorgelesen. Schließlich bin ich ja nach meinen offiziellen Papieren immer noch ein Mann.

Ich wurde liberal erzogen, selbst meine Großmutter war tolerant und weltoffen. Meine Familie hat mich immer ernst genommen und meinen Wunsch respektiert, eine Frau zu werden. Insofern hatte ich es im Leben leichter als viele andere Kathoey.

Seit einem Jahr habe ich einen festen Freund. Er ist drei Jahre älter als ich und arbeitet an der Universität. Er will mich heiraten und wünscht ebenso wie ich, dass ich eines Tages zu einer „normalen“ Frau werde. Nach Studienabschluss will ich mich um-operieren lassen...

MOMOJI

Mein Name ist Momoji, ich bin 22 Jahre alt.

Ich wuchs in Nordthailand in Chiang Mai auf und habe eine jüngere Schwester.

Mein Vater war Ingenieur, ich liebte ihn sehr. Ich konnte aber nicht ertragen, dass er hin und wieder meine Mutter schlug. Ich verabscheute schon als Kind Gewalt und hoffte, dass ich eines Tages als Ehemann nicht selbst in die Situation komme, dass ich meine Frau „züchtigen" muss. Vielleicht war diese traumatische Erfahrung ein Grund, dass ich in der Pubertät „die Seite wechselte" und in mir der Wunsch erwachte, Kathoey zu werden.

Auch ein weiteres Erlebnis hat mich geprägt: Als ich 14 Jahre alt war, hatte ich sehr schlechte Schulnoten. Mein Vater griff zur Schocktherapie: Er zeigte mein Zeugnis in der ganzen Verwandtschaft herum und las die Noten jedem laut vor, der zu uns zu Besuch kam.

Mit dieser Erniedrigung erreichte er tatsächlich sein pädagogisches Ziel -, und verbesserte damit meine Zukunftschancen entscheidend: Mein Abschlusszeugnis im darauffolgenden Jahr war so gut, dass ich auf die High School wechseln konnte.

Fast hätte ich bei einem schweren Verkehrsunfall mein Leben verloren. Ich saß auch dem Rücksitz eines Motorrad-Taxis, als ein entgegenkommendes Auto uns streifte. Mit 16 Wunden am Kopf lag ich viele Wochen in der Klinik.

Seit einem Jahr nehme ich Hormone ein, damit mein Körper weiblicher wird. Ich denke auch daran, mich operieren zu lassen, sobald ich einen guten Job habe und genug Geld verdiene.

Heute wohne ich mit meiner Schwester zusammen und studiere an der Universität in Chiang Mai Sprachen: Englisch und Chinesisch. Daneben arbeite ich in Verwaltung und Marketing eines Wellness-Centers, um mir mein Studium zu verdienen.

Später möchte ich gerne außerhalb Thailands leben, um mein Einkommen zu verbessern und ein angenehmeres Leben zu führen als in Nordthailand. Hier gibt es nichts außer Reisfelder. Die Provinz, in der ich lebe, ist sehr rückständig. Da-durch ist es für einen Kathoey, der ohnehin einen ständigen Kampf gegen Vorurteile führen muss, noch schwerer, einen seinen Fähigkeiten entsprechenden Beruf zu finden.

ILLYANA

Mein Name ist Illyana. Ich bin 35 Jahre alt und habe keine Geschwister.

Seit meinem 5. Lebensjahr wollte ich ein Mädchen sein. Meine Eltern erlaubten mir, in der Wohnung Mädchenkleidung zu tragen, ich musste mich aber umziehen, wenn ich das Haus verließ. Im Unterricht war ohnehin nur die Schuluniform erlaubt -, eine männliche.

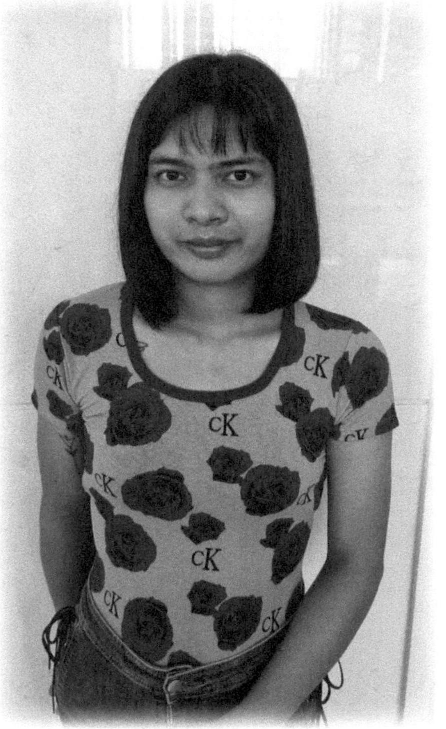

In meiner Klasse waren nur Jungen. Aber während meiner ganzen Schulzeit war ich kaum mit ihnen befreundet und weigerte mich auch, Fußball zu spielen. Ich konnte nicht ertragen, wenn sie sich stritten und miteinander rauften. Daher war mein Platz in der Pause fast immer auf dem Mädchen-Schulhof, und Mädchen waren meine Spielgefährten.

Einsamkeit ist ein Problem, unter dem viele Kathoey leiden. Auch ich war fast mein ganzes Leben lang ohne Partner. Da ich bei meinen Eltern wohne, ist das Alleinsein erträglicher. Was mir aber immerzu fehlt, ist das Gefühl der Geborgenheit, der Zärtlichkeit und Liebe

Für Transgender ist das Leben besonders kompliziert, da fast niemand von uns mit einem thailändischen Mann zusammenleben möchte, weder als festem Freund noch als Ehepartner. Viele Kathoey haben die Erfahrung gemacht, dass Thailänder untreu sind und Transgender nicht wertschätzen. Farang jedoch – wie wir Ausländer aus Europa, Nordamerika oder Australien nennen – sind nach meiner Erfahrung ernsthafte Lebenspartner, die auch hin und wieder zum Heiraten bereit sind.

Bereits mit 14 Jahren hatte ich einen thailändischen Jungen als Freund. Mein Vater mochte ihn sehr, aber meine Mutter war gegen diese Verbindung. Sie gab die Hoffnung nicht auf, dass ich „normal" werde und mir ein Mädchen als Lebensgefährtin suche. Ihr einziges Kind sollte heiraten und sie eines Tages zur Großmutter machen.

Nach einem Jahr trennte ich mich von dem Jungen, und daran war meine Mutter nicht unschuldig.

Im Alter von 20 Jahren hatte ich einen Freund aus London. Leider ging er nach 2 Monaten zurück nach England. Aber von nun an war mein „Appetit" auf Farang geweckt. Es traf sich gut, dass zu dieser Zeit das Internet in Thailand immer populärer wurde. Ich nutzte jede freie Minute, um im Netz Gesprächspartner aus aller Welt zu finden. Über Kontaktseiten lernte ich im Verlauf der Jahre viele Ausländer kennen, die mich teilweise in Thailand besuchten. Insgesamt hatte ich Dates mit sechs Farang – Engländer, Deutsche und Schweden -, doch letztlich wollte mich keiner heiraten.

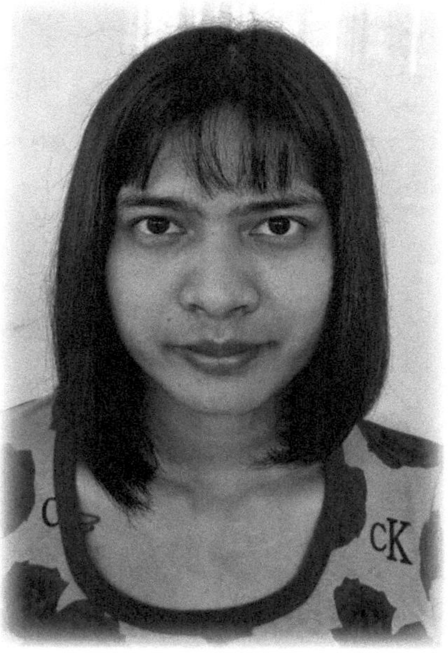

Heute lebe ich mit meiner Tante in Bangkok in einem Apartment. Fast täglich bin ich online, chatte in vielen internationalen Kontaktseiten und hoffe, eines Tages meinen Traummann zu finden. Ich denke, ich habe ein gutes Herz und kann als treue Lebenspartnerin einen Farang glücklich machen.

Meinen Lebensunterhalt verdiene ich, indem ich im Bangkoker Stadtteil Nana an einem kleinen Stand Orangensaft verkaufe. Vielleicht lerne ich auf diesem Weg den Mann fürs Leben kennen?

PINK

Mein Name ist Pink. Ich bin 25 Jahre alt und lebe zusammen mit meinen Eltern und meiner 14jährigen Schwester in Bangkok.

Ich denke mit Freude an meine Kindheit und Jugend zurück. Mein Vater war sehr enttäuscht, als ich ihm im Alter von 8 Jahren sagte, dass ich gerne ein Mädchen werden möchte. Meine Mutter war sofort einverstanden und kaufte von nun an Mädchenkleider für uns beide, meine Schwester und mich.

Ich war der kleinste Junge in der Klasse und hatte schon aus diesem Grund das Gefühl, dass ich kein richtiger Mann sei. (Möglicherweise hat das auch meine Mutter so gesehen und mich daher auf dem Weg zum Transgender unterstützt). Auf dem Spielplatz hatte ich immer nur mit Freundinnen gespielt und liebte wie jedes Mädchen Puppen, Kosmetik und Tanzen.

In den ersten Jahren meiner Schulzeit konnte ich es kaum glauben: Immer mehr meiner Klassenkameraden wollten Mädchen werden. Wir waren 25 Jungen, davon bezeichneten sich im 3. Schuljahr vier als Ladyboys. „Kathoey“ waren damals in aller Munde, nachdem es einige Jahre zuvor für viele Tabu war, darüber zu reden.

Jedenfalls empfanden wir es als großes Glück, dass wir zu viert waren und daher niemand in unserer Klasse wagte, schlecht über uns zu reden.

Nachhaltigen Respekt bei unseren Mitschülern verschafften wir uns, als wir am Nationalfeiertag gemeinsam als Thai-Tänzerinnen auftraten und auf der Bühne vor der ganzen Schule eine perfekte Tanzvorstellung gaben.

Nach dem Abitur studierte ich an der Universität das Fach „Hotelbusiness“ und als Zusatzstudium „Pädagogik“, und schloss mit Bachelor-Degree ab. So bin ich berechtigt, an Schulen zu unterrichten.

Studieren ist in Thailand leider nicht kostenlos. Um vom Staat einen zinslosen Kredit fürs Studium zu erhalten, muss der Student in jedem Semester aufs Neue gute Noten nachweisen und belegen, dass er die erforderliche Leistung erbracht hat. Für mein vierjähriges Studium muss ich in den nächsten Jahren rund 10 000 Baht (ca. 2800 EUR) an den Staat zurückzahlen.

Zum Glück habe ich als Lehrerin sofort Arbeit gefunden und bin sehr froh darüber. Als Kathoey einen Job zu finden, ist nicht selbstverständlich.

Meine Lage ist zurzeit schwierig, denn mein Vater arbeitet zwar immer noch auf dem Feld, aber beide Eltern sind krank und auf meine Unterstützung angewiesen.

Ich muss mindestens 20 000 Baht im Monat (550 EUR) verdienen, um zu leben und den Kredit abzutragen, aber auch um meine Eltern unterstützen zu können. Ich trage also eine große Verantwortung.

Allerdings sind die Gehälter im Staatsdienst nicht sehr hoch. Daher suche ich derzeit einen Zweitjob, In Thailand gibt es keine Altersversorgung. Kinder sind gegenüber ihren Eltern in der Pflicht, wenn diese alt sind und nicht mehr arbeiten können. Im Übrigen lebt bei meinen Eltern auch noch meine kleine Schwester.

Mit Männern hatte ich bisher kein Glück. Mein thailändischer Freund hat mich verlassen, weil er sich Kinder wünschte. Dass diese Beziehung irgendwann zu Ende gehen würde, war mir klar. Das ist der „Normalfall" bei Partnerschaften zwischen Kathoey und Thailändern.

Ein Jahr lang lebte ich mit einem Engländer zusammen, der aber die meiste Zeit in London war -, das war mehr eine „Transit-Beziehung".

Für uns Kathoey ist das Leben nicht einfach. Trotzdem halte ich mich für einen „Happy Ladyboy". Ich hoffe, die Zukunft werden wir Transgender noch stärker in die thailändische Gesellschaft integriert und Vorurteile werden verschwinden.

PAN

Mein Nickname ist Pan. Ich bin 26 Jahre alt.

Ich war das einzige Kind meiner Eltern und wuchs in einer Großfamilie auf: Mutter, Oma, Tanten. Wir waren nur Frauen, da sich mein Vater schon früh von meiner Mutter getrennt hatte.

Sicher wurde ich als Kind dadurch geprägt, dass ich immer von Frauen umgeben war. Niemals musste ich meine Haare schneiden, und ich durfte mich schon im Alter von 4 Jahren schminken. Unser Haus betraten nur Mädchen, meine Freundinnen.

Als ich mit 6 Jahren eingeschult wurde, sollte ich von einem Tag auf den anderen zum Jungen werden: Kurze Haare, Schuluniform -, und umgeben von „Machos". Schnell merkten die Schüler meiner Klasse, dass ich anders war als sie. Sie fingen an, mich zu schubsen und nachzuäffen, haben mich gehänselt und verlacht. In diesen ersten Schuljahren habe ich sehr gelitten. Ich hatte keine Freunde und war neidisch auf die Mädchen wegen ihrer schönen Haare. Ein seelischer Schaden ist mir aber aus dieser Zeit nicht geblieben, zumal mir mein Lehrer sehr geholfen hat, mich gegen die Mitschüler zu behaupten.

Mit 9 Jahren habe ich die Schule gewechselt, und plötzlich war alles besser: An der neuen Schule gab es mehrere Kathoey und wir wurden als

Ladyboys akzeptiert. Freilich mussten wir uns an die Schulregeln halten, wie das Tragen der (männlichen) Schuluniform.

So hatte ich vom 9. bis zum 15. Lebensalter eine unbeschwerte Kindheit. Es gab kaum Probleme, und meine Zeugnisnoten waren gut.

Mit Freude erinnere ich mich daran, als ich im Alter von 14 Jahren auf einem Schulfest ganz Mädchen sein und zusammen mit Schülerinnen Tänze aufführen durfte. Das war der schönste Tag meiner Schulzeit.

Meine Mutter, die auf eine Hühnerfarm arbeitete, bat mich am Ende der Schule, ihr zu helfen und damit unsere Familie zu unterstützen. Ich arbeitete zwei Jahre auf der Farm und beschloss dann, einen Beruf zu erlernen: Medizinische Massage. Diese einjährige Ausbildung schloss ich mit Diplom ab und bekam im Alter von 22 Jahren auf Vermittlung meiner Tante einen Job in Malaysia. Dort arbeitete ich als Medizinische Masseurin in einer Klinik und war mit Arbeit und Einkommen sehr zufrieden. Leider musste ich, als ein Jahr später die Regierung wechselte, das Land verlassen.

Was dann folgte, ist ein düsteres Kapitel meiner Lebensgeschichte. Nach meiner Rückkehr aus Malaysia gaben mir Freunde den Tipp, ich solle doch mein Glück als Masseur in dem arabischen Staat Oman versuchen. Oman ist eines der wenigen Länder, das Thailänder ohne Visum besuchen können, und ist daher bei uns als Reiseland sehr beliebt.

Es war klar, dass dort kein medizinischer Masseur gesucht wurde, sondern gefragt waren Sex-Massagen in Hotels. Von sagenhaften Verdienstmöglichkeiten war die Rede (- im Schnitt 600 Dollar pro Tag -), wenn auch die Klientel als schwierig und anspruchsvoll beschrieben wurde.

Angeblich arbeiten Tausende Thailänder - Frauen wie Ladyboys - in diesem arabischen Land, in dem zwar fast alles Erotische verboten ist, jedoch niemand genau hinschaut. Zur Organisation und Vorfinanzierung der Reise braucht man einen arabischen Helfer, einen „Schlepper". Hier beginnen oft die Probleme für die Arbeitsuchenden, weil die Vermittler in den nachfolgenden Monaten das geliehene Geld ratenweise in doppelter Höhe zurückfordern.

Ich jedenfalls geriet in große Schwierigkeiten. Das ganze Geschäft ist brutal und teilweise lebensgefährlich. Man ist rechtlos.

Ich konnte mich nur dadurch retten, dass ich panisch vier Wochen nach Ankunft in Oman wieder auf eigene Kosten nach Thailand zurückflog, Bei diesem Abenteuer habe ich meine ganzen Ersparnisse verloren.

Derzeit arbeite ich wieder in Pattaya in einer medizinischen Massage-Praxis. Auch wenn manche Leute „Pattaya + Massage" sofort mit Sex in Verbindung bringen, so muss ich das zurückweisen. Ich habe die erforderlichen Papiere und kann mich mit meinen Zeugnissen als „Medizinischer Masseur" ausweisen. Mein jetziger Beruf ist also seriös.

Mein - wahrscheinlich unerfüllbarer - Traum ist, eines Tages einen medizinischen Massage-Salons in Europa zu betreiben.

FAR

Ich heiße Far und bin 25 Jahre alt.

Geboren wurde ich in Isaan, dem „Armenhaus Thailands". Diese Zone liegt im Norden unseres Landes. Hier gibt es eigentlich nur Reisfelder und Arbeit auf dem Feld, daher ziehen viele Thailänder auf der Suche nach einem besseren Leben nach Süden, meist nach Bangkok und Pattaya.

Ich habe zwei ältere Brüder und eine Schwester. Als ich im Alter von 9 Jahren merkte, dass ich eigentlich lieber ein Mädchen wäre als ein Junge, war ich anfangs sehr unglücklich darüber. Schüchtern gestand ich meine Gefühle meiner Mutter, doch sie geriet völlig außer sich: Sie zog mich an den Ohren durch die Wohnung und untersagte mir strengstens, darüber zu sprechen, schon gar nicht mit dem Vater.

In einer alten Scheune probierte ich heimlich den BH meiner Schwester aus. Höchst interessante Studienobjekte waren für mich auch ihr Lippenstift, ihre Cremes und das Makeup.

Irgendwann hatte ich das dringende Bedürfnis, einen Freund in mein Geheimnis einzuweihen. Doch der lachte sich halbtot und verbreitete meine Geschichte an der ganzen Schule. So wurde ich als einziger Kathoey unter 300 Schülern zum Gespött für alle und zum Außenseiter. Einzig meine junge Lehrerin zeigte Verständnis für mich.

Heute lebe ich in Bangkok und habe mich längst mit meinen Lieben zuhause versöhnt. Weder meine Eltern noch meine Geschwister empfinden es als Schande, einen Ladyboy in der Familie zu haben. Inzwischen gibt es in Isaan unzählig viele Kathoey; Transgender gehören auch in meiner kleinen Stadt zum normalen Bild. Das hat zu einem Umdenken geführt.

Ich besuche meine Eltern alle 6 Monate – jedes Mal eine Busfahrt von 12 Stunden. Auch unterstütze ich sie, soweit ich kann. Ich überweise jeden Monat einen Teil meines Gehalts an sie.

Ich bin zufrieden mit meinem Leben. Zwar wohne ich in einem bescheidenen Apartment mit zwei Mädchen zusammen – wir teilen uns die Tagesmiete von 600 Baht -, so dass ich eigentlich kein Privatleben habe. Doch ich hoffe, eines Tages einen Boyfriend zu finden und mit ihm eine eigene Familie zu gründen. Ich möchte mich, wenn ich genug gespart habe, umoperieren lassen und ganz zur Frau werden.

Silikonbrüste habe ich bereits.

THICHA

Mein Name ist Thicha. Ich bin 25 Jahre alt und habe zwei Geschwister.

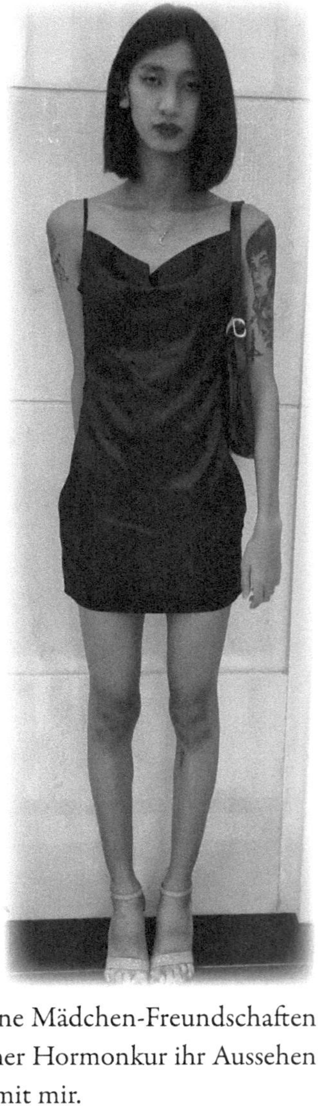

Im Alter von 10 Jahren wollte ich nicht länger wie ein Junge aussehen. Ich hasste den Blick in den Spiegel und wünschte mir sehnlichst, eine Frau zu sein. So fing ich an, heimlich Kleider meiner Schwester anzuprobieren. Meine gleichaltrigen Freundinnen, deren Eltern etwas mehr Geld hatten, bedrängten ihre Mütter so lange, bis sie ihnen Lippenstift und Kosmetika kauften. Sie teilten alles redlich mit mir, und so verbrachten wir Stunden, um uns gegenseitig zu schminken. Die Spuren entfernte ich jedes Mal gewissenhaft, bevor ich nach Hause ging.

Erst vier Jahre später ertappten mich meine Eltern bei einem Schminkversuch. Sie stellten mich zur Rede, bis ich ihnen gestand: Mein größter Wunsch ist, ein Mädchen zu sein. Zu meinem Erstaunen fand zumindest meine Mutter das nicht so schlimm. Also durfte ich ab dem 14. Lebensjahr Mädchenkleider tragen.

Meine Eltern waren sehr arm und hatten nicht Geld genug, um mir Hormontabletten zu kaufen. Auch da konnte ich mich auf meine Mädchen-Freundschaften verlassen: Eine Freundin, die ebenfalls mit einer Hormonkur ihr Aussehen verschönern wollte, teilte ihre Medikamente mit mir.

Eine Brustoperation konnte ich mir erst vor wenigen Wochen leisten, nachdem ich genug gespart hatte. Ansonsten möchte ich so schön und natürlich bleiben, wie ich heute bin. Ich liebe meinen makellosen Körper.

Beruflich hatte ich Glück. Nach 10 Jahren Grundschule und Gymnasium fand ich auf Anhieb Arbeit im Büro einer Schuhfabrik. Nebenbei besuche ich die Abendschule, um mein Englisch zu verbessern und künftig bessere Berufschancen zu haben.

Wir Kathoey wünschen uns am meisten, dass man uns wertschätzt. Wer uns näher kennenlernt, wird feststellen, dass wir Transgender wunderbare Lebensgefährten sein können. Da die meisten in ihrer Kindheit und Jugend schlecht behandelt wurden, sind viele Kathoey ihren Freunden oder Ehemännern liebevolle, anhängliche Begleiter fürs Leben.

Es stimmt: Ausländer begegnen uns Kathoey meist ohne Vorurteile. Mein persönlicher Wunsch ist daher: Ich möchte gerne einen ‚Farang' kennenlernen, möglichst einen Mann aus Europa.

Im Übrigen blieb mir nicht verborgen, dass mir europäische Männer ständig hinterherblicken. In der Tat ist meine Figur außergewöhnlich für eine Thailänderin:

Sehr groß und gertenschlank.

EMM

Mein Name ist Emm, ich bin 26 Jahre alt. Ich habe einen Bruder und eine Schwester und bin in Bangkok aufgewachsen.

Wenn ich zurückblicke auf mein Leben und vergleiche es mit dem Lebenslauf anderer Ladyboys, so kann ich nur sagen: Ich hatte verdammt viel Glück.

Ich wollte schon als Kleinkind mit Puppen spielen und immer – soweit ich denken kann – ein Mädchen sein. Mei-ne Eltern haben mir dabei niemals Steine in den Weg gelegt, sondern im Gegenteil mich immer in meinen Wünschen und Sehnsüchten unterstützt.

An der Schule muss-te ich die Jungen-Uniform tragen und die Haare kurz schneiden; an der High-School konnten wir selbst entscheiden. Ab dem 17. Lebensjahr zog ich nur noch Frauenkleider an.

Der Sohn unseres Nachbarn war ebenfalls Kathoey. Wir waren dicke Freunde, und zu zweit konnten wir natürlich selbstsicherer auftreten. Unserem Ego geholfen haben auch die Vollmondfeste. Dabei kann sich jeder verkleiden und in bunten Farben schminken. Das war jeden Monat die Chance für mich und meinen Freund, uns gegenseitig und unser ganzes Stadtviertel mit fantasievollen Kostümen zu überraschen.

Von meinen Eltern, die ein Restaurant betreiben, wurde ich immer ohne „Wenn und Aber“ geliebt. Sie haben mir viele Glücksmomente geschenkt und - wie ich meine - aus mir einen charaktervollen Menschen gemacht. Nie versuchten sie, mich zu ändern.

Ich empfinde es als „Geschenk des Himmels“, dass ich dem „3. Geschlecht“ angehöre.

Mein Wunsch ist, einen liebevollen Mann als Lebenspartner zu finden.

Ich studiere an der Uni in Bangkok Business/ Marketing. Ich möchte später einmal einen verantwortungsvollen Posten in einer Firma übernehmen und mich dann selbständig machen, sobald ich das notwendige Startkapital gespart habe.

ROSE (2)

Mein Name ist Rose. Ich bin 28 Jahre alt und lebe in Pattaya.

Ich bin zurzeit in einer depressiven Stimmung, fühle mich vom Leben ausgegrenzt und schlecht behandelt.

Grund: Ich bin ein Kathoey.

In unserer Kleinstadt waren Ladyboys immer Menschen zweiter Klasse, sie wurden meist nicht ernst genommen. Es ist schwierig für sie, eine Arbeit zu finden; man wird als Transgender sehr oft abgewiesen.

Auch mit unserer Gesundheit haben wir Probleme. Viele nehmen Hormone - schon deshalb, damit ihnen kein Bart wächst. So habe auch ich jahrelang täglich Antibaby- Tabletten geschluckt, bis mein ganzer Körper schmerzte. Seitdem habe ich die Hormonbehandlung abgesetzt.

Dies ist vielleicht der Grund, dass ich der Meinung bin, nunmehr besonders hässlich und unattraktiv zu sein. Mein Selbstbewusstsein ist auf dem Tiefpunkt. Heftige Depressionen zwingen mich, den ganzen Tag über im Bett zu bleiben.

Schon an der Grundschule fühlte ich mich – auch in der Schuluniform, die wir Jungen trugen – immer als Mädchen. Trotz meiner guten Noten im Abschlusszeugnis der High-School war ich lange Zeit arbeitslos. So ist es in allen Berufen, bei denen man mit Kunden in persönlichen Kontakt kommt, z.B. im Verkauf, nicht einfach, eine Anstellung zu bekommen.

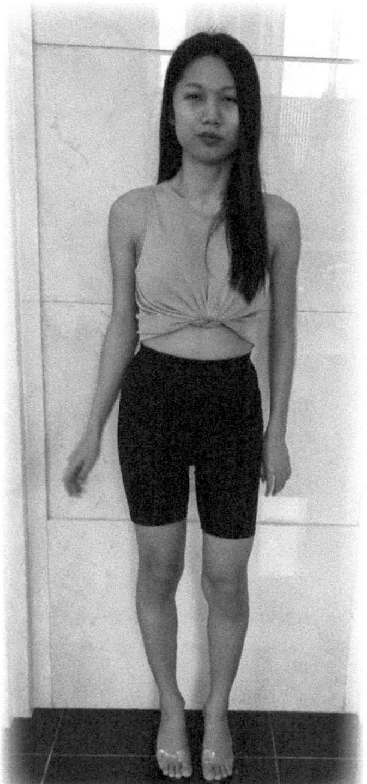

Auch in der Hotelbranche gibt es große Vorbehalte, Transgender einzustellen. Ich hatte mich einmal in einem Hotel als Kellner/in beworben. Der Personalchef sagte, er könne mich nur in der Wäscherei beschäftigen. Klar, diese war im Keller...

Ich habe die Arbeit dann doch angenommen, weil ich meine Familie unterstützen muss. Aber für uns Kathoey macht es meist keinen Sinn, höhere Schulen zu besuchen und mit guten Zeugnissen und Diplomen abzuschließen. Die Gesellschaft diskriminiert und benachteiligt uns. Ich denke, außerhalb Thailands – vor allem in Europa - hätten wir bessere Berufschancen.

Nun bin ich schon am Jammern. Dann will ich mich gleich noch über die Männer beklagen.

„Fass‘ mich nicht an“, habe ich mehrfach gehört, wenn ich einer neuen „Eroberung“ mein Geheimnis verriet.

Das Problem ist auch, dass man in Europa oder Amerika sehr wenig weiß über Kathoey, und es weitgehend unbekannt ist, dass es in Thailand und auf den Philippinen Hunderttausende Transgender gibt, von denen viele auf der Suche nach einem Freund oder Lebenspartner sind.

Einer davon bin ich.

Gute Erfahrungen habe ich nur mit amerikanischen Freunden gemacht, die für den NSA arbeiteten. Ausgerechnet von diesen Leuten vom USA-Geheimdienst fühlte ich mich respektiert und hochgeschätzt.

Ansonsten habe ich das Vertrauen in Männer verloren. Ich wurde zu oft enttäuscht.

MOMO

Mein Name ist Momo, ich bin 26 Jahre alt.

Ich denke, ich habe in meinem bisherigen Leben viel Glück gehabt. Die meisten meiner Transgender-Freundinnen erzählten mir schlimme Geschichten aus ihrer Kindheit und Jugend. Ich jedoch wuchs frei und ohne Zwänge auf, in toleranter Atmosphäre.

Ich habe drei Schwestern, meine Eltern sind geschieden. Mein Vater hat sich nie um mich gekümmert, so dass ich unter vier Frauen aufgewachsen bin. Das hat mich sicher geprägt. Darüber hinaus war ich nie gezwungen, zuhause etwas zu verheimlichen. Ich wurde von allen respektiert, auch als ich mit neun Jahren zum ersten Mal den Lippenstift meiner großen Schwester ausprobierte.

Unter den 300 Schülern meiner Grundschule gab es nur zwei Kathoey. Ich besuchte eine konfessionslose Privatschule, für die meine Eltern Schulgeld bezahlen mussten. Dies war wohl der Grund, dass auch die Lehrer mich gewähren ließen, als ich eines Tages geschminkt zum Unterricht kam. An unserer Schule gab es im Übrigen keine Pflicht, Uniform zu tragen. Ich liebe Hosen sehr und gab somit den Lehrern keinen Grund, meine Kleidung zu kritisieren. In dieser Atmos-phäre von Toleranz akzeptierten alle, dass ich mich entschieden hatte, als Kathoey zu leben.

Mit 17 Jahren wechselte ich zu einer privaten High School. Auch hier gab es weder Spott noch Kritik, wenn ich mit Rock und Frauenkleidung zur Schule kam. An diesem Gymnasium können die Schüler ab 16 Jahren frei entscheiden, welchem Geschlecht sie angehören wollten. Als Kathoey wurde man von den Mitschülern nicht gemobbt.

Nach Schulabschluss habe ich drei Jahre in einem Hotel-Restaurant als Empfangsdame gearbeitet und durfte manchmal zusammen mit den Gästen Karaoke singen. Das waren für mich Glücksmomente, denn ich konnte mich bei jedem Auftritt als Lady stylen und meine Liebe zur Verkleidung, zu Mode und Kosmetik voll ausleben.

Erst mit 20 begann ich, Hormone zu nehmen. Ich hatte aber große Sorge, ob mein Körper mit 38 kg Gewicht die Umstellung auf den weiblichen Hormonhaushalt dauerhaft vertragen würde. Daher entschied ich mich zwei Jahre später zur Brustoperation. In der LGBT – Tagesklinik in Bangkok erhielt ich Silikon-Implantate, die unter die Achsel einschoben werden. Diese Methode, die für weniger voluminöse Brustvergrößerungen angewandt wird, ist relativ komplikationslos und wird ambulant vorgenommen.

Ich fühle mich jetzt wohl -, als Frau im Körper eines Kathoey, und habe keine Probleme. Dabei lebe ich weiterhin bei meiner Familie, die nun auf sechs Frauen angewachsen ist: Meine älteste Schwester hat ein Mädchen geboren, will aber in Zukunft nicht beim Vater des Kindes wohnen.

Wir sind eine Familie - nur aus weiblichen Mitgliedern bestehend -, die in Harmonie zusammenlebt. Als Kathoey bin ich voll integriert und kann nur sagen: Ich bin ein glücklicher Transgender.

Vor einigen Wochen habe ich jedoch zum ersten Mal in meinem Leben eine tiefe Kränkung erfahren und gemerkt, was Diskriminierung bedeutet. Ich hatte mich in einem 5-Sterne-Hotel vorgestellt, das Mitarbeiter für die Rezeption suchte -, für mich ein Traum-Job! Der Chef war erfreut, weil ich bereits Hotelerfahrung hatte und sagte, er wolle mich gerne einstellen. Seine einzige Bedingung war, dass ich die Haare kurz schneide und Männerkleidung trage. Er sagte, er könne seinen Gästen nicht zumuten, von einem Ladyboy empfangen zu werden.

Mein Wunsch, weiterhin als Kathoey zu leben, war jedoch stärker...

NJOY

Mein Name ist Njoy. Ich bin 25 Jahre alt.

Ich komme aus der thailändischen Provinz Udon Thani, die an der Grenze zu Laos liegt.

Die Mitglieder meiner Familie könnten unterschiedlicher nicht sein:

- Mein älterer Bruder ist ein „normaler" Mann, er hat Frau und Kinder.

- Mein jüngerer Bruder ist Gay. Er wohnt mit einem Freund zusammen.

- Meine kleine Schwester ist lesbisch, sie hat eine feste Freundin.

- Ich bin der Ladyboy in der Familie. Ich lebe derzeit allein.

Meine Eltern waren sehr liberal -ein Glücksfall für uns Kinder, da wir in der Provinz aufgewachsen sind. Die Menschen in Udon Thani sind gläubige Buddhisten und versuchen, ihre Kinder religiös zu erziehen. Meine Mutter und auch mein Vater verfolgten die unterschiedliche Entwicklung ihrer Kinder mit Interesse und ließen uns einfach gewähren. Sie versuchten erst gar nicht, uns zu gängeln und zu beeinflussen.

Dass wir vier Kinder uns in ganz verschiedene Richtungen entwickelt haben, beweist nach meiner Meinung, dass unsere sexuelle Veranlagung von der Natur vorbestimmt ist. Es wäre falsch, Kinder durch Erziehung in eine andere Richtung zu drängen.

Ich habe sehr früh gemerkt – im Alter von 7 Jahren -, dass mich Mädchen nicht interessieren, dass mich vielmehr ein warmes Gefühl durchströmt, wenn ich einen Jungen umarme und fest an mich drücke.

Heute fühle ich mich als Kathoey wohl in meinem Körper und hoffe, dass ich einen Lebensgefährten finden werde, dem ich ein treuer Partner sein kann.

Ich arbeite in einer Schuhfabrik in Pattaya und kann mit einem kleinen Teil meines Gehalts jeden Monat meine Mutter unterstützen. Das erfüllt mich mit großer Freude.

Inzwischen wohnt auch meine Mama in Pattaya, und meine Schwester geht hier zur Schule. Im empfinde es als besonderes Geschenk, dass unsere Familie eine schöne Freundschaft verbindet und jeder – trotz des unterschiedlichen Lebensstils – dem anderen wohl gesonnen ist.

Nur wenn wir tolerant sind, werden wir zu glücklichen Menschen.

NATCHA

Ich heiße Natcha, ich bin 25 Jahre alt. Meine Eltern hatten zwei Kinder -, meine Schwester und ich.

Ich bin in Isaan, im Norden Thailands, aufgewachsen und hatte ein schweres Leben. Wenn ich ehrlich bin, muss ich feststellen: Niemand mochte mich, niemand liebte mich, weder in meiner Kindheit, noch in meiner Jugendzeit. Das hat mich sehr gekränkt.

Die schlimmen Szenen, die ich fast täglich als Kind ertragen musste, verfolgen mich manchmal noch heute in meinen Träumen.

Als ich sieben Jahre alt war, warf mich mein Vater aus dem Haus. Meine Cousine nahm mich vorübergehend auf, nach ein paar Wochen durfte ich zurückkommen. Mein Vater war ein aggressiver Mensch, er terrorisierte die ganze Familie. Auf mich schlug er manchmal ein wie auf einen Boxsack. Er behauptete immer, ich sei schuld an seinen Problemen. Richtig ist, dass sich meine Eltern wegen mir trennten.

Ich musste in dieser Zeit als Kind sehr stark sein. Sogar mein Lehrer setzte sich mit meinen Eltern in Verbindung, weil er sah, dass mit mir etwas nicht stimmte. Dabei war ich an dieser katholischen Schule, die ich 5 Jahre besuchte, immer der Klassenbeste.

Rückblickend kann ich sagen, dass mir trotz aller Schikanen durch meinen Vater keine psychischen Schäden aus meiner Kindheit geblieben sind.

Nachdem mein Vater gestorben war – ich war 12 Jahre alt –, wurde das Leben erträglicher.

Im Alter von 19 Jahren besuchte ich eine Bekannte in Pattaya – 1000 km entfernt vom Elternhaus entfernt. Sie war ein Ladyboy und hatte Erfahrung, wie man in Pattaya im Massage-Business Geld verdienen kann. Wahr ist, dass ich mich erst durch meine Freundin zum Ladyboy gewandelt habe. Sie steckte mich sozusagen an. Es waren also nicht so sehr meine Gefühle, die mir diese Richtung vorgaben. Es war vielmehr die blanke Not, die mir diese Freundschaft aufdrängte und so aus mir einen Kathoey machte.

Nun bin ich seit 3 Jahren in Pattaya, wünsche mir aber sehr, in meine Heimat nach Nordthailand zurückzukehren, um mich um meine Familie zu kümmern. Wir haben dort ein Haus, so dass ich vielleicht einen kleinen Laden eröffnen kann, um meiner Mutter und mir eine Zukunft zu geben.

Wenn ich in meine Heimat zurückkomme, dann

- mit etwas erspartem Geld

- als Kathoey (der ich wohl auch künftig bleiben werde) und

- mit jeder Menge Lebenserfahrung.

BAM

Ich heiße Bam. Ich bin 34 Jahre alt.

Wir waren vier Kinder in der Familie. Ich war der älteste Sohn, dann folgten meine Schwester und zwei jüngere Brüder.

Ich wohnte in einer ländlichen Gegend in der Provinz Khorat und ging dort 6 Jahre zur Dorfschule. Danach besuchte ich die High-School, die ich mit einem guten Zeugnis abgeschlossen habe. Ich bekam auch gleich nach dem Abitur Arbeit in einem Versicherungsbüro, das jedoch ein Jahr später schließen musste.

Als Kind habe ich mich nur für Mädchenspielsachen interessiert, und am meisten machte mir Spaß, wenn ich mit meiner Schwester und deren Freundinnen spielen durfte. Als ich mit 12 Jahren an die High-School nach Bangkok kam – eine reine Jungenschule -, stellte ich zu meiner Verwunderung fest, dass von den 1000 Schülern 10% homosexuelle Tendenzen zeigten, - zumindest war das mein Eindruck. Viele waren offensichtlich in der „Experimentier-Phase"; d.h. sie fingen gerade an, sexuelle Erfahrungen zu sammeln. War das Zufall oder Trend der damaligen Zeit -, ich weiß es nicht.

Unsere Gespräche auf dem Schulhof drehten sich hauptsächlich um das Thema Sex, und zwar in einer Offenheit, die mich als Junge aus der Provinz anfangs schockierte. Aber junge Männer in der Pubertät sind hungrig und wollen alles wissen. Ob sie sich später wirklich zu Kathoey entwickeln, schien bei den meisten noch offen.

Am Gymnasium durften wir keine Mädchenkleidung tragen, auch keine langen Haare. Also hatten wir alle einen Kurzhaar-Schnitt, und beim Ausgehen trugen wir Perücken. Beim Discobesuch habe ich einen lieben Freund gefunden, und wir waren ein glückliches Paar. Er nahm in unserer Beziehung die Rolle des Mannes ein. Ich wollte immer schon eine Frau sein und begann sehr früh mit Hormontabletten zu experimentieren. Später kamen Hormonspritzen dazu, bis nach 10 Jahren mein Körper dagegen rebellierte. Ich bekam Schwindelanfälle und Schweißausbrüche, und setzte die Behandlung ab.

Nachdem meine Liebe zu dem thailändischen Freund erloschen war, scheiterte auch mein zweiter Versuch: Mein Liebhaber war kein männlicher Partner, sondern ein Ladyboy. Nach meiner Erfahrung - und nach Aussage vieler Transgender - passt das nicht zusammen: Kathoey + Kathoey.

Ich studierte 4 Jahre an der Universität in Bangkok - Studium Generale - und schloss mit sehr guten Noten ab. Mir fiel auf, dass die meisten Kathoey ehrgeiziger und bildungshungriger sind als „normale" Studenten und Schüler. Wir Transgender sind uns bewusst, dass wir bessere Leistungen erbringen müssen als die anderen, weil man kritisch auf uns schaut.

Nach dem Uniabschluss und dem Praktikumsjahr fand ich sofort Arbeit. Und geriet fast gleichzeig auf die „schiefe Bahn". Freunde brachten mich auf die Idee, auf die Schnelle viel Geld zu verdienen. So bin ich in der Nana-Street gelandet, dem Zentrum der Sexindustrie in Bangkok. Vier Jahre arbeitet ich in drei verschiedenen Bars, dann hatte ich dieses Leben auf niedrigstem Niveau satt. Zu viel menschliche Niedertracht, zu viele unappetitliche Erlebnisse!

Ich bewarb mich bei einem Lieferservice für Speisen und Getränke, und arbeite nun schon seit 6 Jahren in der Telefonzentrale der Firma. Dort nehme ich die Bestellungen entgegen und bin zufrieden mit diesem Job. Von Natur aus bin ich ein bescheidener Mensch.

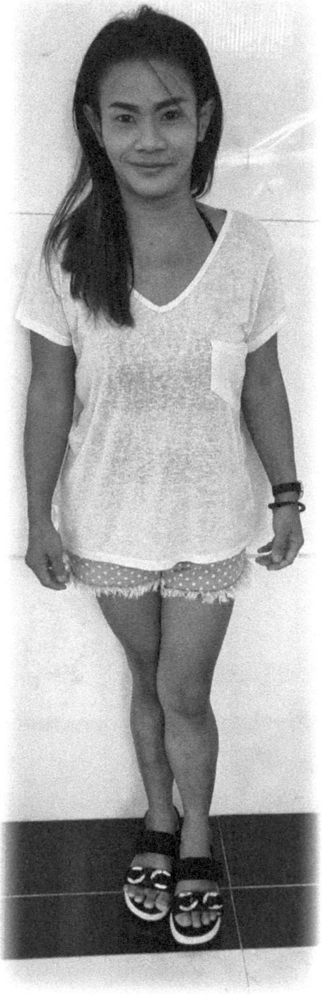

Das schönste Erlebnis in meinem Leben war ein Besuch in London. Ich lernte in meiner „Nana-Zeit“ einen britischen Touristen kennen, der sich in mich verliebte und mich nach England einlud. Einen Monat lang zeigte er mir seine Heimat, auch Schottland. Es war bisher meine einzige Auslandsreise. Ich werde diese Zeit nie vergessen.

Wie geht es weiter? Ich fühle mich als Frau, würde mich aber nie einer Operation unterziehen. Ich identifiziere mich mit dem 3. Geschlecht und fühle mich wohl in meiner Situation.

Auch wenn ich keinen Partner fürs Leben finde, so bin ich doch glücklich mit den lebenslangen Freundschaften, die mich mit meinen ehemaligen High-School- und Studienkollegen verbinden. Seit 10 Jahren kommen wir regelmäßig zusammen. Diese Treffen sind für mich „geistige Nahrung“ und Ausgleich zu meiner beruflichen Tätigkeit. Und das Schönste daran ist:

Jeder von ihnen ist Individualist, mit seinen persönlichen Eigenheiten und Sensibilitäten.

Ein jeder ist ein Kathoey. Ein jeder ist einsam wie ich.

BRIGHT

Mein Name ist Bright. Ich bin 26 Jahre alt.

Ich wuchs in einer „Patchwork"- Familie auf. Wir waren zwei Brüder und zwei Schwestern, jeder von uns hatte einen anderen Vater. Offensichtlich führte meine Mutter ein bewegtes Leben und zog es einige Jahre später vor, uns zu verlassen. Sie lief einfach weg. Unsere Jugend verbrachten wir bei unserer Großmutter.

Mein Vater war Chinese. Chinesen, so behaupten viele, mögen Kathoey nicht. Er sandte mich auf ein reines Jungengymnasium, da er – nicht ohne Grund – in Sorge war, ich könnte mich zum Ladyboy entwickeln. Er hat sich aber später von meiner Mutter getrennt, so dass er meinen weiteren Lebensweg nicht mehr beeinflussen konnte. Dass ich tatsächlich ein Kathoey wurde, daran ist sicher meine Großmutter nicht unschuldig. Sie sagte später, sie habe nie die Absicht gehabt, mich zum Ladyboy zu erziehen. Aber wahr ist, dass sie jedem meiner Wünsche nachgab: Schon als 10jähriger Junge wollte ich Röcke tragen, und sie kaufte mir sogar einen Lippenstift, nachdem ich lange genug darum gebettelt hatte.

Heute ist nicht nur meine Mutter glücklich darüber, wie alles gekommen ist, zumal sie von mir regelmäßig finanziell unterstützt wird. Auch mein Vater hat sich damit abgefunden, dass sein einziges Kind eine „Tochter" ist.

Die High-School besuchte ich vom 13. bis 18. Lebensjahr, und schon in der ersten Woche schloss ich Freundschaft -, mit einem Kathoey. (Später stellte sich heraus, dass es an der Schule eine Vielzahl von Transgendern gab). Am Gymnasium konnten wir Ladyboys uns ungestraft die Haare wachsen lassen und uns zu einer starken Gruppe zusammenschließen. Das hat uns bei den anderen Schülern Respekt verschafft, und innerhalb unserer Kathoey-Gruppe entstanden nicht selten langjährige Freundschaften.

Die Universität in Bangkok, an der ich anschließend studiert habe, war immer schon ein Hort von Toleranz und Liberalität. Als Transgender wird und wurde man auch in den letzten Jahrzehnten nicht diskriminiert. Ich erhielt sogar - obwohl Ladyboy - einen befristeten Arbeitsvertrag. Heute wird das (typisch thailändische) Phänomen „Kathoey" an der Uni wissenschaftlich erforscht, u.a. am Lehrstuhl für Humanwissenschaften.

Meinen ersten Liebhaber hatte ich mit 15 Jahren. Diese Beziehung hielt 5 Jahre lang und machte mich unwiderruflich zum Kathoey, und zwar zu einem „Happy Ladyboy". Denn mein Freund akzeptiere und liebte mich so, wie ich war.

Meine neue, ebenfalls bereits langjährige Beziehung ist bemerkenswert. Es ist ein „umgedrehtes" Verhältnis, wie es wahrscheinlich nur in Thailand möglich ist. Ich wurde als Junge geboren und stellte dann fest, dass ich eigentlich ein Mädchen sein möchte. Heute fühle ich mich als Kathoey, ich identifiziere mich mit dem 3. Geschlecht. Mein Lebensgefährte muss ein Mann sein -, das war immer mein fester Wunsch.

Es gibt in Thailand Frauen, die sich maskulin kleiden, die Haare kurz tragen und sehr männlich auftreten. Sie werden dort „Toms“ oder „Tom-Boys“ genannt. Sie sind also das Spiegelbild von Kathoey: Frauen, die gerne Männer sein möchten.

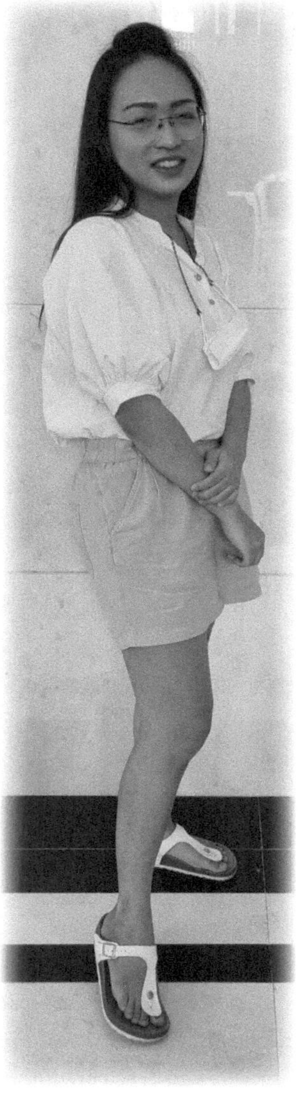

Über Facebook habe ich meinen jetzigen Lebensgefährten gefunden. Als ich ihn zum ersten Mal traf, war ich geschockt. So hatte ich mir meinen künftigen Freund nicht vorgestellt. Das sagte ich ihm auch in aller Klarheit, doch er ließ nicht locker. Am Valentinstag überraschte er mich mit einem Blumenstrauß. Und nun lebe ich schon sechs Jahren mit ihm zusammen -, mit einem „Tom-Boy“.

Es ist eine „paradoxe“ Beziehung, denn wir beide fühlen uns jeweils dem anderen Geschlecht zugehörig.

Wir lieben uns sehr und sind glücklich. Ein Problem müssen wir noch gemeinsam lösen: Mein Tom-Boy, der ein Jahr jünger ist als ich, wünscht sich ein Kind von mir, und eigentlich spricht nichts dagegen. Ich muss nur für längere Zeit meine Hormonkur unterbrechen, dann werden wir eine Familie gründen. Vorher wird noch geheiratet.

Ich denke, das Leben ist immer für Überraschungen gut.

So möchte ich allen Kathoey zurufen: Gebt euch niemals auf!

PAULA

Ich heiße Paula, bin 28 Jahre alt und habe 2 Brüder.

Ich habe am Bangkoker College für Film und Performance studiert und 2 Jahre beim Fernsehsender Channel 3 gearbeitet. Derzeit bin ich wegen Covid freigestellt, möchte aber meine Karriere beim Fernsehen fortsetzen.

Ich war gerade 5 Jahre alt und noch im Kindergarten, als meine Eltern bemerkten, dass ich mich wie ein Mädchen verhielt. Also versuchten sie während meiner ganzen Kindheit bis zum Alter von 12 Jahren, mich zum Jungen umzuerziehen. So wurde ich sowohl vom Vater als auch von der Mutter bei jedem Anlass geschlagen, und davon gab es reichlich: Es genügte, wenn ich mir eine Blume in die Haare steckte.

Makeup, feminine Kleidung, längere Haare -, alles war bei uns tabu.

Als ich 12 war, zog meine Familie innerhalb Bangkoks um. Das war die Rettung für mich. In der neuen Schule gab es 300 Jungens, davon waren 15 bis 20 Kathoey. Es scheint, als wäre Anfang 2010 endgültig ein Tabu gefallen. Aufgeklärt durch die neuen Medien, entdeckten immer mehr Jungen, dass sie dem falschen Geschlecht angehörten und eigentlich weiblich sein wollten. Während Kathoey bis dahin nur heimlich ihre Gefühle zeigten (obwohl es Transgender immer schon gab), konnten sich nun viele outen. Durch das Internet und den neu erwachten Zeitgeist einer offenen Gesellschaft fühlten sich immer mehr Ladyboys ermutigt, sich in der Familie, Schule und in der Öffentlichkeit als Transgender zu zeigen.

Mein Vater war ein rechtschaffener Mann, er arbeitete in einer höheren Position bei der Marine und erzog seine drei Söhne streng konservativ. Als ich in die Pubertät kam und anfing zu rebellieren - mit 14 oder 15 Jahren -, kapitulierte er schnell vor meiner Forderung, mich in der Familie und auch öffentlich als Mädchen zu präsentieren. Er gab seine Erziehungsziele auf. Von nun an konnte ich Röcke tragen. Lippenstift und Makeup waren nicht mehr verboten, und meine Eltern hielten sich zurück, wenn ich meinen Freund – ebenfalls ein Kathoey – zärtlich umarmte.

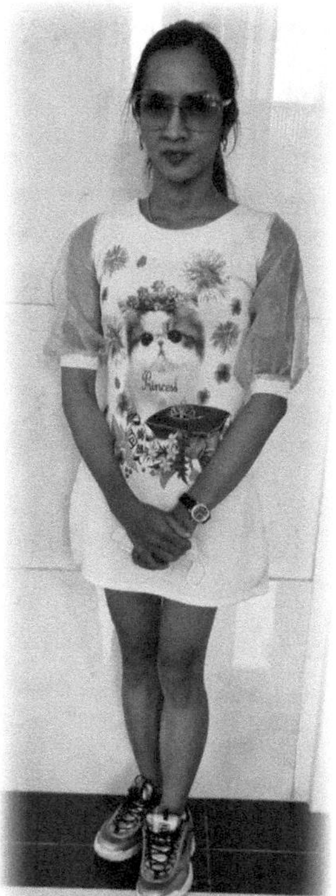

Im Alter von 16 Jahren begann ich mit der Einnahme von Hormonen. Diese Kur, verbunden mit Hormoncremes, habe ich bis heute nicht unterbrochen, verspüre aber – 12 Jahre später - immer noch keine Nebenwirkungen. Ich liebe es, wenn Hormone nicht nur meine Brust wachsen lassen, sondern meine Haut geschmeidiger machen, und mein Gesicht runder und weiblicher. Dass meine Stimme tiefer und heiser geworden ist, nehme ich in Kauf.

Ich bin ein stolzer, zufriedener Kathoey. Zum vollen Glück fehlt mir nur noch die operative Geschlechtsumwandlung. Dieser werde ich mich unterziehen, sobald ich wieder fürs Fernsehen arbeite und meine Ersparnisse ausreichen.

Mein Liebesleben als Ladyboy, – auch das will ich nicht verheimlichen –, lässt zu wünschen übrig. „Farang", also Ausländer aus Europa oder Amerika, habe ich bisher nicht kennengelernt. Mein erster Freund, mit dem ich auch zusammenlebte, war ein Kathoey. Wir haben uns zwar gut verstanden, aber sexuell gab es keine Gemeinsamkeit.

Zwischen 20 und 23 Jahren hatte ich einige thailändische Verehrer, aber immer nur für kurze Zeit. Es gab viele „lange Gesichter", weil ich manchmal mein Geheimnis bis zum Schluss für mich behalten konnte. Mein sehnlichster Wunsch, eine dauerhafte Liebesfreundschaft – Fehlanzeige! Oft endete das Spiel, bevor es begonnen hatte: Enttäuschte Liebhaber, die wütend davonstürmten, oder Lover, bei denen ich mich vorher geoutet hatte, und die danach gar nicht erst aufs Zimmer kamen.

Ab dem Alter von 24 Jahren habe ich dann nur noch gechattet, ohne jemand persönlich zu treffen. Ich hatte es satt, immer weiter vergeblich nach Männern Ausschau zu halten, die es gar nicht gab.

Jedenfalls bin ich immer noch „Jungfrau" und hoffe, dass ich nach einer operativen Geschlechtsumwandlung einen Mann finden werde. Ich will mit ihm ein glückliches Eheleben führen und mich auch beruflich verwirklichen.

FSC
www.fsc.org
MIX
Papier | Fördert gute Waldnutzung
FSC® C083411

Zeitfracht Medien GmbH
Ferdinand-Jühlke-Straße 7
99095 Erfurt, Deutschland
produktsicherheit@kolibri360.de